A VISION FOR MARIUPOL
THE EASTERNMOST GATEWAY
OF EUROPE

ВІЗІЯ МАРІУПОЛЯ
НАЙСХІДНІША БРАМА ЄВРОПИ

This title is part of the *Histories of Ukrainian Architecture* programme initiated by *DOM publishers* in response to Russia's attack on Ukraine's sovereignty on 24 February 2022.

Ця книга є частиною серії *Історії архітектури України*, започаткованої *видавництвом ДОМ* у відповідь на російську повномасштабну загарбницьку війну проти української держави, розпочату 24 лютого 2022 року.

A VISION FOR MARIUPOL
THE EASTERNMOST GATEWAY
OF EUROPE

ВІЗІЯ МАРІУПОЛЯ
НАЙСХІДНІША БРАМА ЄВРОПИ

Fulco Treffers
Mykyta Biriukov
Nathan Hutson
Dmytro Gurin
Nataliya Kozub
Alice Alexandrova
Mykola Tryfonov
Nataliya Shulga

Фулько Треффeрс
Микита Бірюков
Натан Хатсон
Дмитро Гурін
Наталія Козуб
Аліса Александрова
Микола Трифонов
Наталія Шульга

Жодна справедливість не видається можливою чи мислимою без принципу певної відповідальності поза будь-яким присутнім живим у тому, що роз'єднує присутнє живе, перед привидами тих, що ще не народилися або вже мертві.

Жак Дерріда

No justice seems possible or thinkable without the principle of some responsibility, beyond all living present, within that which disjoins the living present, before the ghosts of those who are not yet born or who are already dead.

Jacques Derrida

Враження о Маріуполі 2021 | Impression of Mariupol, 2021

ЗМІСТ | CONTENTS

МИНУЛЕ | THE PAST

1.1 Перед окупацією: вібруюче місто | Before the occupation: vibrant city 12

1.2 Виробництво і структура ринку праці | Production and jobs structure 18

1.3 Довкілля | Environment 19

1.4 Зміни в громадському житті 2015-2021 | Changes in public life 2015-2021 21

ВІЙНА | WAR

2.1 Руйнування міста в 2022 році | Destruction of the city in 2022 30

2.2 Невизначеності | Uncertainties 34

2.3 Припущення | Assumptions 35

ВДОМА | HOME

3.1 День, коли підніметься український прапор | The day the Ukrainian flag is raised 44

3.2 Співпраця та участь | Cooperation and participation 46

3.3 Безпека | Security 48

3.4 Людський масштаб | Human scale 50

3.5 Сусідство 15 хвилин | 15-minute neighbourhood 52

ФУНДАМЕНТ | FOUNDATIONS

4.1 Ключові виклики міста | Key challenges facing the city 63

4.2 Зцілити травму | Heal the trauma 68

4.3 Нова роль Маріуполя: транзит | Mariupol's new role: transport hub 72

4.4 Порт | Port 76

4.5 Екологічна спадщина | Environmental heritage 78

4.6 Природа | Nature 81

4.7 Мобільність | Mobility 86

4.8 Вода та енергія | Water and energy 92

4.9 Військові бази | Military bases 93

ПОВЕРНЕННЯ | RETURN

5.1 Найсхідніша брама Європи | Europe's easternmost gateway 104
5.2 Робочі місця | Jobs 106
5.3 Нова житлова політика | New housing policy 108
5.4 Освіта | Education 109
5.5 Охорона здоров'я | Healthcare 110
5.6 Фестивальний та спортивний туризм | Festival and sports tourism 111
5.7 Курортне місто | Resort town 112
5.8 Меморіальний туризм | Memorial tourism 114

ВІДРОДЖЕННЯ | REBIRTH

6.1 Солідарність | Solidarity 124
6.2 Лівий берег | Left bank 126
6.3 Приватна забудова | Private development 138
6.4 Історичний центр | Historical centre 140
6.5 Новий центр | New centre 150
6.6 Зелений Азовсталь | Green Azovstal 154
6.7 Меморіальний центр | Memorial centre 166
6.8 Старий порт та пляжі | Old port and beaches 167
6.9 Пріоритети розвитку | Development priorities 174

Чи вже час обговорювати відродження Маріуполя?

Ні ← — — — — — — — — — — → Так

* Is this the time to discuss the rebuilding of Mariupol? No (left) or Yes (right)

Foreword

This document is the result of more than six months' work by a multidisciplinary team of Mariupol residents and Ukrainians from other cities, alongside experts from Europe and the United States.

Probably the most difficult part at the project's inception was answering the questions we faced and dealing with the doubts that were swarming in our heads.

'Is it even worth developing plans to rebuild the city before its de-occupation?'

'Will we have enough data, given that we don't even know what condition the city will be in?'

'Will we have enough understanding of the city's spirit?'

'How can we plan when it is impossible to talk properly to people who lived in Mariupol before the invasion – when the community is scattered around the world?'

Despite these concerns, we realised that the arguments in favour of early planning were compelling. Of course, planning should start as early as possible so that the city's revival can begin in earnest the day the Ukrainian flag rises overhead. If we are not fully prepared for that, critical decisions that determine the city's future direction will be made in haste and without the analysis needed to make sure that these decisions are fair, equitable, and democratic.

But in addition to logic, there are considerations of ethics. Do we have the ethical right to project a bright future for Mariupol when the city is still controlled by the international criminals who destroyed it and while thousands of bodies remain under the rubble?

Yet, when we saw the faith shown by Ukrainians in their country, the steadfastness of the Ukrainian army, and the confidence with which Ukrainians consistently say, 'we will rebuild everything', we decided to take this unique chance.

On this point, we recently received an answer to this key question at meetings of citizens in centres for displaced Mariupol residents called 'Ya Mariupol' – 'I am Mariupol'.

The question was: 'Should we already be thinking about the future of Mariupol?' 100% YES!

1 МИНУЛЕ
THE PAST

МИНУЛЕ | THE PAST

1.1   Перед окупацією: вібруюче місто | Before the occupation: vibrant city

1.2   Виробництво і структура ринку праці | Production and jobs structure

1.3   Довкілля | Environment

1.4   Зміни в громадському житті 2015-2021 | Changes in public life 2015-2021

1.1 Перед окупацією: вібруюче місто

Before the occupation: a vibrant city

Маріуполь – потужний промисловий і торговельний центр на південному сході України. Загальна кількість населення з урахуванням внутрішньо переміщених осіб (2021 р., оцінка) – 541 300 осіб, загальна площа міста 375,3 км², густота – близько 1442 осіб/км². Територіальний устрій нараховує 4 райони – Приморський, Центральний, Кальміуський, Лівобережний. До повномасштабного вторгнення Маріуполь був переважно російськомовним містом, проте частка україномовного населення стрімко зростала.

Mariupol is a major industrial and commercial centre in southeastern Ukraine. The total population, including internally displaced persons (2021, estimate), is 541,300 people. The total area of the city is 375.3 km². The density is approximately 1,442 people/km². The territorial structure consists of 4 districts: Prymorskyi, Tsentralnyi, Kalmiuskyi, and Livoberezhnyi. Prior to the full-scale invasion, Mariupol was a predominantly Russian-speaking city, but the share of the Ukrainian-speaking population was growing rapidly.

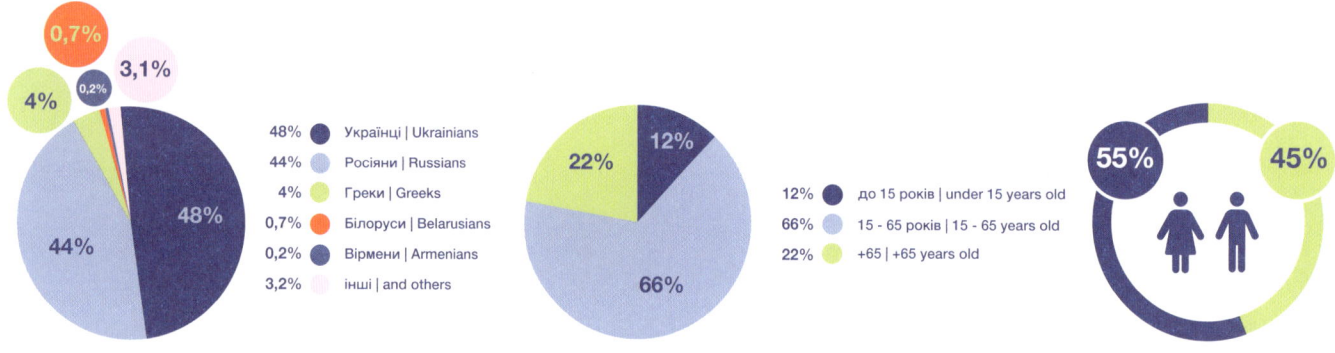

Фото: Євген Сосновський | Photo: Yevhen Sosnovsky

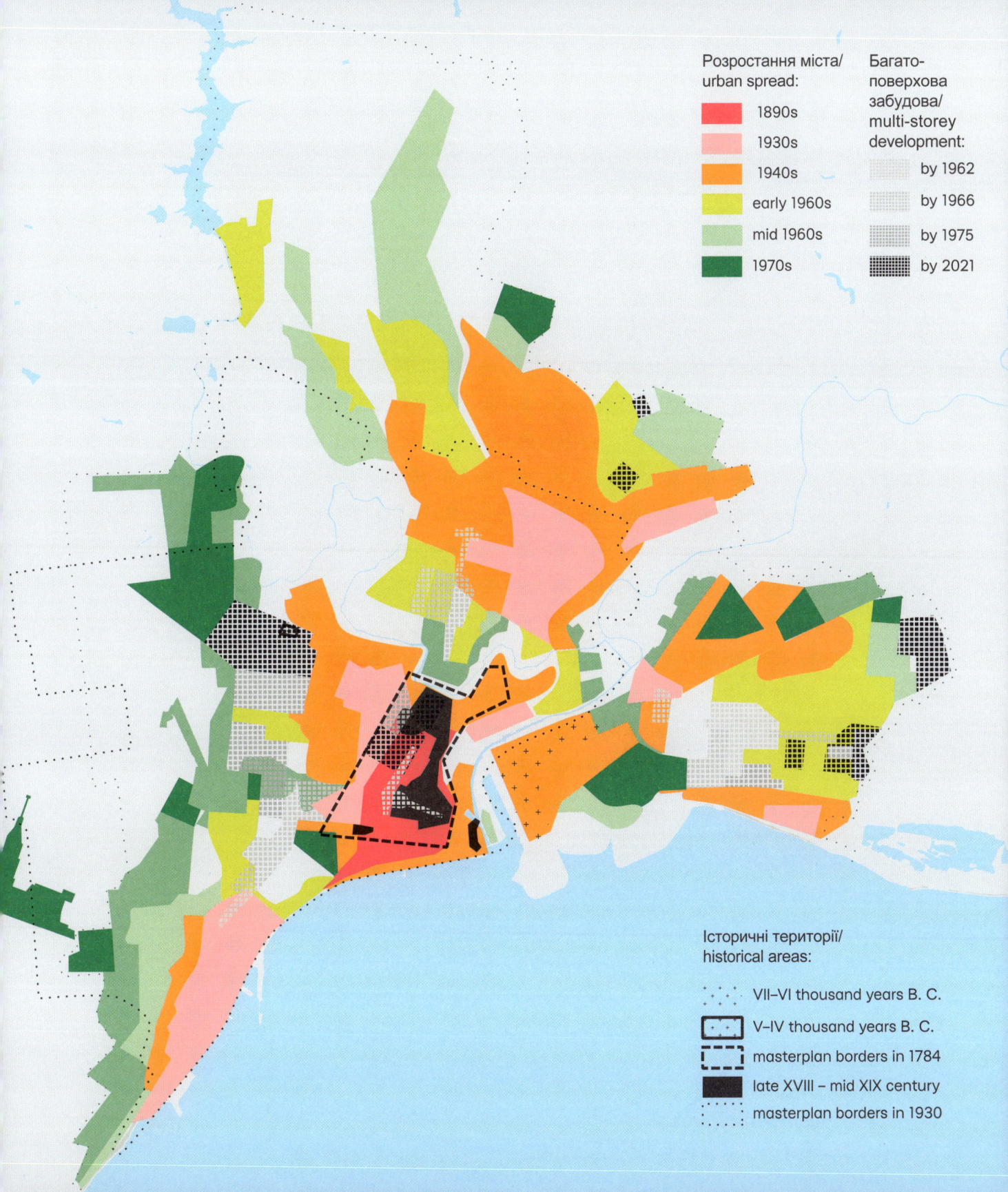

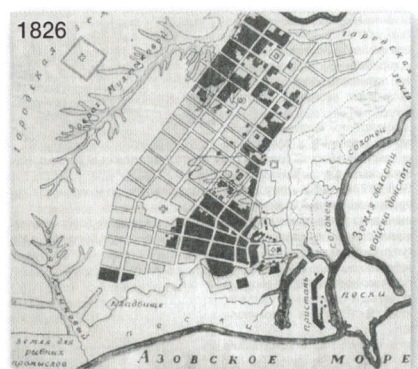

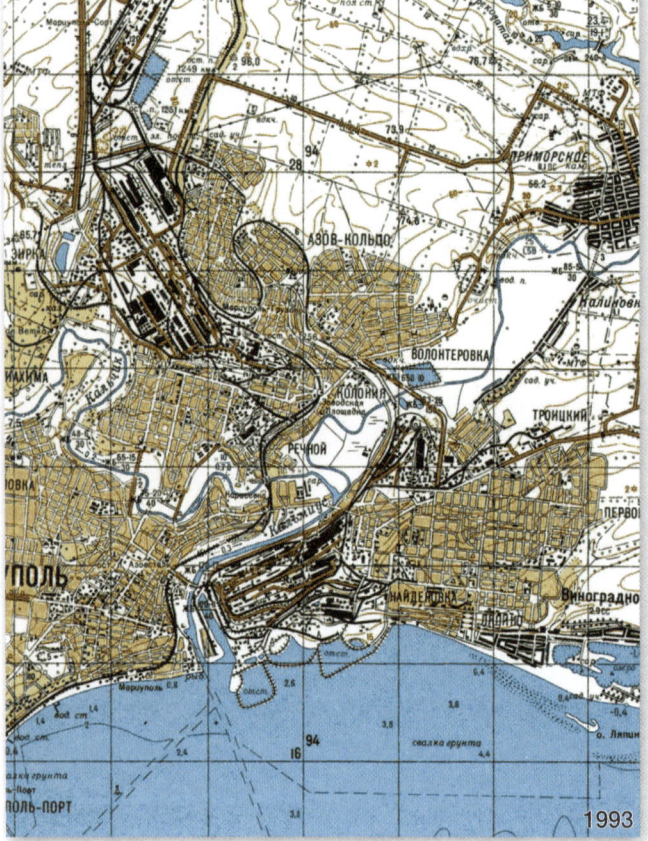

Фото: Катерина Кадуріна | Photo: Kateryna Kadurina

Фото: m.EHUB | Photo: ККП 'm.EHUB'

Фото: Катерина Кадуріна | Photo: Kateryna Kadurina

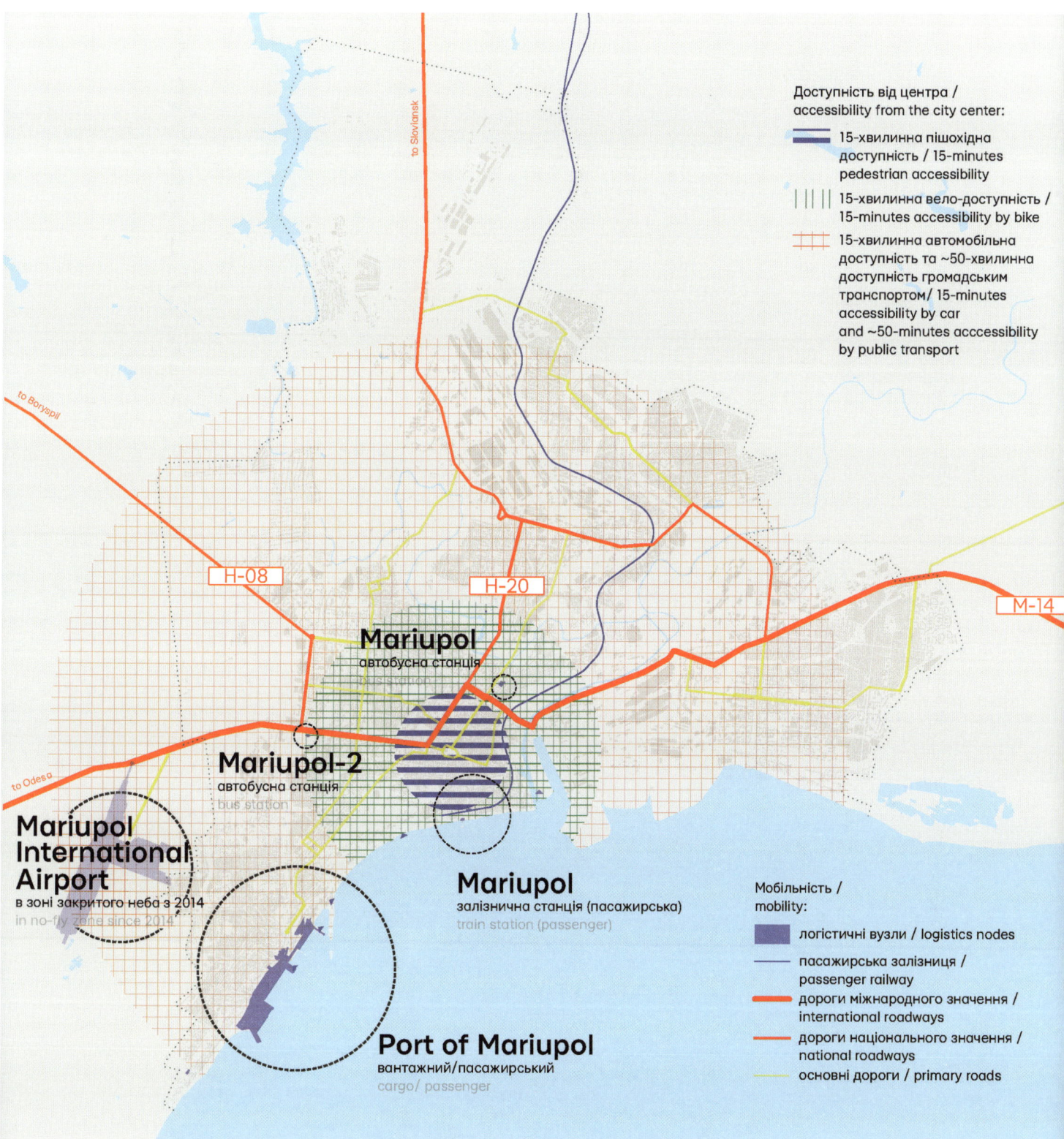

1.2 Виробництво і структура ринку праці

Маріуполь є центром металургії України – найважливішої галузі для економіки регіону, однієї з основних донорів, джерелом валютних надходжень до бюджету країни. Ключові підприємства галузі – комбінати Групи Метінвест ММК імені Ілліча і МК «Азовсталь». Вони виробляють широкий спектр промислової продукції. Маріупольський порт є також одним з найбільших морських торговельних портів країни. До повномасштабного вторгнення місто генерувало 6% ВВП та 7% валютної виручки країни.

Станом на 01.01.2021 у місті було зареєстровано й провадило господарську діяльність 22 392 суб'єкти господарювання різних форм власності, з них 5 685 (25,4%) юридичних осіб та 16 707 (74,6%) фізичних осіб – підприємців. Найбільша кількість СПД, а саме станом на 01.01.2021, – 10 441 суб'єкт (47%) був задіяний в оптовій та роздрібній торгівлі. Друге місце у кількісному складі СПД міста займає галузь надання послуг, що на 87,7% складається з фізичних осіб – підприємців. У той же час галузь переробної промисловості, що є основою податкових надходжень міста, знаходиться лише на сьомому місці за кількістю СПД і майже на 41,7% складається з юридичних осіб, більшість з яких є бюджетоутворюючими підприємствами.

Незважаючи на наявність більше 800 промислових підприємств різної форми власності, в місті основними підприємствами за обсягами податкових надходжень є металургійні – ПрАТ «МК «Азовсталь», ПрАТ «ММК ім. Ілліча», ТОВ «МЕТІНВЕСТ-ПРОМСЕРВІС». У рамках галузі переробної промисловості податкові надходження від ПрАТ «ММК ім. Ілліча» становлять 40,53% питомої ваги галузі, штатна чисельність – 14 346 співробітників (38,57% питомої ваги галузі). Податкові надходження від ПрАТ «МК «Азовсталь» становлять 32,7% питомої ваги галузі, штатна чисельність – 10 978 співробітників (29,5% питомої ваги галузі). Податкові надходження від ТОВ «МЕТІНВЕСТ-ПРОМСЕРВІС» становлять 8,3% питомої ваги галузі, штатна чисельність – 2 060 співробітників (5,5% питомої ваги галузі).

Production and jobs structure

Mariupol is the centre of Ukraine's metallurgy industry, which is the most important sector for the region's economy, one of the main donors, and a source of foreign exchange earnings for the country's budget. Metinvest Group's key enterprises are Ilyich Iron and Steel Works of Mariupol and Azovstal. They produce a wide range of industrial products. The port of Mariupol is also one of the country's largest commercial seaports. Prior to the full-scale invasion, the city generated 6% of the country's GDP and 7% of its foreign exchange earnings.

As of 1 January 2021, 22,392 business entities of various forms of ownership were registered and conducted business in the city, including 5,685 (25.4%) legal entities, and 16,707 (74.6%) individual entrepreneurs. As of 1 January 2021, the largest number of business entities – 10,441 (47%) – were involved in wholesale and retail trade. The service industry is second, consisting of 87.7% of entrepreneurs. The processing industry, which is the basis of the city's tax revenues, is only seventh in terms of the number of business entities.

Despite the presence of more than 800 industrial enterprises of various forms of ownership, the main enterprises in the city in terms of tax revenues are metallurgical enterprises – PJSC Azovstal Iron and Steel Works, PJSC Ilyich Iron and Steel Works, and LLC METINVEST-PROMSERVICE. Within the manufacturing industry, tax revenues from PJSC Ilyich Iron and Steel Works of Mariupol account for 40.53% of tax revenues from this sector, with a staff of 14,346 employees (38.57% of the sector's share). Tax revenues from PJSC AZOVSTAL IRON & STEEL WORKS account for 32.7% of tax revenues from this sector, with 10,978 employees (29.5% of the sector's share). Tax revenues from METINVEST-PROMSERVICE LLC account for 8.3% of revenues from the sector, with 2,060 employees (5.5% of the industry share).

МК «Азовсталь» | Azovstal, 2016
Фото: Євген Сосновський | Photo: Yevhen Sosnovsky

1.3 Довкілля

Місто потерпало від низки екологічних проблем. Насамперед, промислове й побутове забруднення довкілля – поводження з твердими побутовими відходами, промисловими відходами, стан систем водопостачання та водовідведення, зливової каналізації, забруднення повітря викидами й шумом від промисловості та транспорту. Також проблемою була повільна екологізація промисловості – несвоєчасне встановлення та реконструкція систем аспірації, недостатнє очищення стоків, поводження з промисловими відходами не в повній мірі відповідало Національній стратегії управління відходами в Україні до 2030 року.

Рівень екологічної обізнаності населення був доволі низьким. Як показала практика пілотних проєктів міста, наявних знань і звичок мешканців недостатньо, і перш ніж впроваджувати роздільний збір ТПВ на місцях, доведеться вчити населення, як це правильно робити. Те ж саме стосується раціонального поводження з природними ресурсами (вода, ґрунти тощо).

Environment

The city suffered from a number of environmental problems. There is a legacy of industrial domestic environmental pollution – solid waste management, industrial waste, the state of water supply and sewage systems, storm water drainage, air pollution from emissions, and noise from industry and transport. Another problem was the slow pace of environmental improvement of existing industry – the lack of timely installation and reconstruction of aspiration systems, insufficient wastewater treatment capacity, and industrial-waste management that did not fully comply with the National Waste Management Strategy for Ukraine Until 2030.

The level of environmental awareness among the population was relatively low. As the city's pilot projects have shown, residents' existing knowledge and habits are not enough; before introducing separate waste collection and recycling on the ground, it will be necessary to educate the population on these new processes. The same applies to the sustainable management of natural resources (water, soil, etc.).

Фото: Катерина Кадуріна | Photo: Kateryna Kadurina

1.4 Зміни в громадському житті 2015–2021

В останні роки велика увага в місті приділялась публічним просторам. Була проведена масштабна реконструкція 4 парків та скверів міста: центральний сквер – 3,95 га; Грецька площа – 2,5 га; парк «Веселка» – 3,7 га; сквер біля «Мультицентру» – 2,4 га, перша черга парку Гурова – 13,4 га. Також були реконструйовані стара водонапірна вежа, міський пірс, Театральний (міський) сквер, площа Свободи. Публічні простори користувались зростаючим попитом мешканців. Готувалась подальша реконструкція інших публічних просторів, зокрема міських пляжів. Окрему увагу заслуговує модернізація центрів надання адміністративних послуг, які стали популярними у містян і підтримували у них відчуття змін якості життя.

Changes in public life 2015–2021

In recent years much attention has been paid to public spaces in the city. A large-scale reconstruction of four parks and squares of the city was carried out. This included: the central park – 3.95 hectares; Greek Square – 2.5 hectares; Veselka Park – 3.7 hectares; the park near the Multicentre – 2.4 hectares; and the first stage of Gurov Park – 13.4 hectares. The old water tower, the city pier, Teatralnyi (City) Square, and Svobody Square were also reconstructed. Public spaces were in growing demand among residents. Further reconstruction of other public spaces, including city beaches, was being prepared. Special attention should be paid to the modernisation of administrative service centres, which had become popular with citizens and fostered a palpable sense of improvement of quality of life for residents prior to the invasion.

Фото: Євген Сосновський | Photo: Yevhen Sosnovsky

Наталья, Ужгород, 68
Natalia, Uzhhorod, 68

У мене було зручно влаштоване життя. І в матеріальному плані, і в побутовому. Ми з чоловіком добре підготувалися до пенсії, була дача на березі річки, панорамний вид із квартири на море... Коли розпочалися події у 2014 році, ми переїхали майже на рік на Закарпаття. Я закохалася в цей край: і люди мені подобалися, і природа. Але ми повернулися, коли все стихло. Я не думала, що вони зможуть напасти на нас. Як раніше казали, що фашистська Німеччина «віроломно напала» — я вважаю, що це було віроломно. Коли Путін оголосив, що республіки входять до складу Росії, я продовжувала не вірити. 24 лютого я прокинулася від того, що нас почали бомбити, і все одно не думала, що то війна. Коли вже на Київ пішли, то сумнівів не залишилося.

Спершу ми ще знали новини. Потім усе відключили, ми в інформаційному вакуумі були, і люди на старих транзисторах якихось ловили днрівське радіо. Там, звичайно, усе по-іншому говорили. Знайомі почали повторювати за ними, що якби не напала перша Росія, то за два дні напала б Україна. Я питаю: як вона може напасти на ядерну державу? Але в цю маячню навколишні свято вірили. У мене сталося розчарування в людях. Після того, як людям будинки зруйнували, вони росіян все одно зустрічали, стіл їм накривали. І в нас, коли вдерлися до під'їзду, дами чай-каву-потанцювати пропонували.

Нас не випускали з району, казали, що на кожному даху сидять снайпери. Але мені було вже начхати, сидять там снайпери чи ні, ми вийшли та пішли на інший масив. Ми ще поверталися, бо в будинку лишилися речі люди, які не могли вибратися. На 9-му поверсі жила бабуся, якій було майже 90. Хлопець такий міцний у нас був, він виніс її на руках. Потім чоловік пішов за кішкою. І тут почався обстріл, поруч почав їздити БТР та стріляти по будинках. Я побігла шукати чоловіка, почала стукати в наш під'їзд, а мені не відчиняли. Я побігла вздовж будинку під дощем із уламків і сховалась у сусідньому під'їзді за ліфтом. А БТР під'їхав і почав розстрілювати його після нашого. Звук куль по металевому ліфту я до смерті буду пам'ятати. Багато сусідів спустилися до підвалу, а я відмовилася: подумала, якщо складеться будинок, то фіґ виберешся з того підвалу. Але тоді ніхто не постраждав, і я повернулася на сусідній масив, куди ми переїхали. Чоловіка не було. Я стояла на вулиці, дві години чекала, було холодно. Думала, що вбили. Думала: як я його витягуватиму? У мене немає сил, я весь цей час не могла їсти. Він там лежатиме, і я навіть поховати його не зможу. Хлопці, із якими ми ділили квартиру, відвели мене в будинок.

My life was both financially and emotionally sound. My husband and I had made arrangements for a comfortable retirement; we owned an apartment with a panoramic sea view and a summer house on the riverbank. After the first invasion attempt in 2014, we moved to Zakarpattia for almost a year. I fell in love with both the people and the nature of the region, but we returned when everything calmed down.

History books described the German attack on the Soviet Union as 'treacherous'; I think the Russian attack was treacherous as well. When Vladimir Putin announced that DPR-LNR were joining Russia, I still couldn't believe it. I woke up on February 24th because they were bombing us, and still didn't think it was war. But then they attacked Kyiv.

It was awful to be disconnected from the news. Our neighbours were listening to a DPR radio station, and the picture those guys gave was completely different. Some people supported the narrative that, hadn't Russia attacked first, Ukraine would have attacked them in two days. Why would Ukraine attack a nuclear power?? The notion made no sense, but it was so popular that I became disappointed in humankind. The Russians destroyed our homes, yet some Mariupolites still eagerly greeted them.

They wouldn't let us out of the district, saying there were snipers on every roof. But we went anyway and moved to another block. We had to go back, though, because some of our neighbours needed help. There was a 90-year-old woman who couldn't walk, so one of our guys carried her out in his arms. Then my husband went back to our apartment to fetch the cat, and the shelling began. I wanted to follow him, but the DPR soldiers barricaded themselves inside and wouldn't let me in or anyone out. I made it to the neighbouring block exactly when the same APC that attacked our entrance started to attack the neighbouring one. Many people went downstairs to the basement, but I was worried that we couldn't climb out if the building collapsed. Luckily, nobody got hurt, so I returned to the block where we moved. And I stood on the street, waiting for my husband for hours. It was freezing cold. I thought he was dead; I was worried I couldn't pull him from under the rubble to bury his body. Just as I went inside, I heard him coming up to us. It turned out that he had crawled into the neighbouring basement and got out without losing the cat on his way.

А потім я почула, як чоловік до нас підіймається. Виявилося, що він із кішкою в переносці проповз по підвалу до під'їзду, який був відкритий, і зміг вибратися.

На той масив теж почали заселятися днрівці. Ми підійшли й сказали, що хочемо виїхати. Вони дали нам півтори години. Наша машина стояла в гаражі і виявилася розбитою, мародери обчистили все, зняли акумулятор, але не змогли злити бензин. У хлопців, із якими ми жили, був захований акумулятор, це нас врятувало. Завантажили в машину, що було, і помчали. У нас не було часу взяти речі, прихопили лише ковдру та фотографії: чоловік заздалегідь зібрав їх та поклав у коробку.

До церкви спустилися, а там були підбиті танки ДНР, багато знищеної техніки. Поїхали вздовж моря. Багато будинків були чорні від пожеж. У нас не було жодного скла в машині, дах був продавлений, дверцята не зачинялися. Дорогою ми постійно глухли. Доїхали до кордону, де село Безіменне. Там проходили фільтрацію. Мене перевірили швидко, а чоловіка годину допитували.

Ми мали з собою якісь гроші, тож змогли зняти готель: ми були брудні після трьох тижнів облоги. Потім сіли в потяг, поїхали до Ростова, звідти — до Пітера. Росіяни були нелюб'язні. І я не хотіла залишатися. Сказала: «Як я можу бути тут, якщо вони вбивали мене?». Потім ми вирушили до Нарви. У автобусі було вісім маріупольців, до України їхала я одна, інші — до Європи. Мене естонці запитали: «Чому ви туди їдете?». Я кажу: «Хочу на Батьківщину». Потім ми до Польщі приїхали, з Польщі до Словаччини. Я була зачарована: ці черепичні дахи, будиночки, гори навколо... Але краще за Україну все одно країни немає.

Менталітет у Маріуполі був таки російський. І дуже багато кровних та дружніх зв'язків із Росією. Зараз я розірвала з багатьма. Коли в нас почалося, лише одна росіянка написала, мовляв, ми з вами. Інші питали, і я розповідала, як було насправді, але росіяни не могли в це повірити. Потім я припинила відповідати, коли побачила, як знайомі ставлять лайки «подвигам» окупантів.

Мені добре в Ужгороді. Я не хочу їхати. Повертатися нема куди, вік у мене такий, що я не дочекаюся, коли в Маріуполі все буде відбудовано. Чи можна його відтворити? Дев'ятиповерхівки радянські мають убогий вигляд. Потрібно нові квартали будувати. Я прихильниця малоповерхової забудови: має бути п'ять поверхів, а не «мурашники». Кажуть, водонапірна вежа стоїть, тож хоч якийсь символ міста залишився.

The DNR forces began settling in that other area, too. We asked them if they'd let us leave; they gave us an hour and a half. We had a car, but we found it looted and smashed, with the battery removed. Luckily, they hadn't been able to drain the gas. The guys we lived with had a spare battery. We didn't have time to pack, we just grabbed a blanket and some photos we had with us, and took off.

We saw lots of destroyed DNR tanks and equipment along the way as we drove along the sea. Many buildings were black from the fires. All the glass windows in our car were shattered, there were dents in the roof, and the doors wouldn't close properly. But we made it to the border and went through having to go through 'filtration'. My check didn't take long, but my husband was interrogated for over an hour.

We had some money, so we rented a hotel room to shower after three weeks under occupation. Then we got on a train, went to Rostov. From there we travelled to St Petersburg. The Russians we met were unfriendly. And I didn't want to stay. Why would I want to? They came to kill me. So I went to Narva. There were eight people from Mariupol on that bus, and I was the only one going to Ukraine. The others were on their way to Europe. The Estonians asked me why I was going back. I told them I wanted to go home. From there I made it to Poland, then to Slovakia.

The mentality in Mariupol was pretty Russian, like it or not. Too many family and friendly ties with Russia. There was just one Russian friend who supported us. The others asked what was going on and refused to believe me when I told them the truth. Then I saw them liking social media posts about Russia's 'heroic quest' and stopped talking to them altogether.

I'm fine in Uzhhorod. I won't live long enough to see Mariupol rebuilt. Does it even need to be rebuilt? The Soviet nine-storey buildings looked miserable. Five storeys should be enough. And I heard the water tower is still intact, so at least one historic building will remain.

Марія, США, 43
Mariya, USA, 43

Мені подобалося, як було. Але пригнічувала якість повітря. Відчиняєш вікно, бачиш цю червону смужку викидів над горизонтом, зачиняєш вікно. Були моменти, коли вихователька з садка дзвонила та говорила, що не варто виходити гуляти з дітьми. Потім, коли мої діти до садка перестали ходити, до мене перестала надходити інформація, коли можна гуляти, а коли не можна. Загалом люди в Маріуполі на це заплющували очі. Якщо ти вибирав тут жити, ну, значить, таке життя.

У принципі, у місті всього було достатньо. Ми з чоловіком були готові й далі жити в Маріуполі. Він мав чудову роботу на комбінаті, у відділі сировини та палива. Йому подобалася і можливість заробляти, і сама робота, він не хотів її міняти.

Я не вірила, що розпочнеться повномасштабна війна. Я завжди розраховувала на мирний шлях розв'язання питання. Хотілося вірити, що він можливий. У нас був план Б про всяк випадок: у разі чого, їдемо на західну Україну. У чотирнадцятому році ми туди вже виїжджали на деякий час, коли ситуація виглядала зовсім сумною, і цього разу думали, що вийде так само.

Того дня, уранці 24-го, я прокинулась і побачила новини... Але ми не відразу поїхали, хоч зібрали речі. Чоловікові на роботі сказали, що його звільнять, якщо він виїде, і ми від'їзд загальмували. Це було неправильно, як я зараз оцінюю. На той момент не було жодної інформації. Багато хто звинувачує міську владу, що та не повідомила про евакуацію. Ну, я не знаю, я вважаю це відповідальність кожної людини — зорієнтуватися. Кожен ухвалює рішення сам, а місто було відкрито перші дні. Хто хотів, той поїхав. Коли ми зрозуміли, що все ж треба їхати, нікого вже не випускали.

Ми жили деякий час біля «Порт-Сіті» у себе вдома. Потім однієї ночі літак щось скинув, і ми відчули, як влучили в сусідній будинок. Ми зрозуміли, що на восьмому поверсі не можна залишатися, і переїхали до Приморського району, де був перший поверх, а потім взагалі в приватний будинок. Там було майже тихо порівняно з рештою міста і поруч було джерело води. Ми поїхали з міста 16 березня: 15-го почали випускати. А до того їздили в район спорткомплексу, де всі збиралися та обговорювали, коли випускатимуть. Треба було економити бензин, бо ми не знали, де його взяти, якщо закінчиться, але їздили туди щодня.

I liked the way things were. But the air quality was depressing. I'd open the window, contemplate this red streak of emissions over the horizon, and close the window again. People in Mariupol turned a blind eye to this. If you chose to live there, well, then this was a part of your life. I'd say the city had everything we needed. My husband and I were going to stay in Mariupol. He was in the raw materials and fuel department at the plant, and he had no intention of moving, since both the income and the job itself suited him.

I didn't believe that a full-scale war would start. I was counting on a peaceful solution because I wanted to believe it was possible. We had a plan B just in case: if anything happened, we would go to Western Ukraine. We had already moved there for a while in 2014 when the situation looked grim, so we thought it would be the same this time.

That day, on the morning of the 24th, I woke up and heard the news... But we didn't leave right away, even though we packed our stuff. At work, they told my husband he would be fired if he left, so we delayed evacuation. It was a mistake. Back then, there was no access to information, so many people blame the city authorities for not announcing the evacuation. But I believe it's everyone's personal responsibility to get their bearings. Everyone makes decisions for themselves, and the city was open during the first days. Whoever wanted to leave had a chance. When we realised we had to leave, we were no longer allowed to.

For a while we stayed in our apartment near Port-City mall. Then one night, a plane dropped something, and there was an explosion in the building next door. We felt the shockwave and realised that staying on the eighth floor wasn't safe. So, we moved to a ground-floor place in Primorsky district, and then we moved to a private house. It was almost quiet there compared to the rest of the city, and we had a water source nearby. We left on the 16th. They started letting people out on the 15th, and we found this out because we daily went to the sports complex area where everyone gathered to exchange news. We had to save gasoline because we didn't know where to get more if it ran out, but we went there every day.

I didn't get to see dead bodies or anything like that. My personal moment of horror was realising that we might run out of food. People looted the stores. We thought we were better than that. And then it dawned on us that either we raid the shelves like everyone else,

Мені не довелося бачити трупи чи щось таке. Але ось що я зараз згадую особливо: відчуття, що в тебе може не стати їжі. Люди почали грабувати магазини. Ми подивились і подумали — ну ми ж не такі. А потім зрозуміли: якщо не набрати їжі, то вона тобі й не дістанеться. На той момент залишалися вже тільки пиво та кока-кола. Не було централізованих спроб організувати роздавання їжі, наприклад, поставити охорону на ці магазини й запускати по 10 осіб за раз. Коли ми жили у Приморському районі, там був приватний супермаркет. То його власник стояв на дверях, запускав людей потроху — тобто він зміг навести лад, щоб було роздавання, а не грабунок.

Ми виїхали з міста через Запоріжжя, через Василівку. Нашу колону обстріляли. Ми бачили, як влучили в машину перед нами, буквально метрів за сім. Там усі загинули. Це був найстрашніший день у моєму житті, найжахливіше враження. Ми їхали далі і бачили, як назустріч мчать «швидкі».

Зараз я мешкаю в місті Енфілд, штат Канзас. Це маленьке містечко з населенням 12000 осіб. Я була здивована, що тут все є для життя: кафешки, магазини тощо. У нас населений пункт із 12000 мешканців — це «ні про що», а тут усе повноцінно. Це класно, я могла б тут жити. Натомість у Маріуполі наші діти навчалися в гарній школі, і ми розуміли, що вони здобудуть нормальну освіту. А тут звичайна школа.

Мені подобається, що у США розвинена економіка, що ти просто працюєш на звичайній роботі, а тобі вистачає відкласти, прогодуватись, щось купити. Ми в Тернополі прожили три місяці — просто неможливо було існувати на дві зарплати. Я вже не кажу про те, що оренда житла там піднялася зараз шалено. Живи навіть у своїй квартирі — тобі тільки на продукти вистачало, а тут інакше.

Якщо говорити про людей, тут усі всім усміхаються, і мені це дуже подобається. Багато хто говорить, що в американців нещирі усмішки. Але мені не потрібна їхня щирість. Просто треба, щоб мені усміхнулися.

Маріуполь після деокупації? Виробництва потрібні, хтось обов'язково там збудує бізнес. Однак важливо, щоб це було зроблено розумно з екологічної точки зору. У нас залишилися родичі в Маріуполі, і ми, звичайно, якщо буде все гаразд, приїдемо їх відвідати. Якщо місто відбудовуватиметься, — я маю на увазі інфраструктуру, пляжі, кафе, — то люди повернуться. Проте екологія залишається головним питанням, і слід простежити, аби не було повторення минулих помилок. Наразі я про повернення до Маріуполя не думаю. Напевно, це просто захисна реакція.

or soon there'll be no food at all in the city. By then, there was nothing left but beer and coke. The city authorities did not organise or control the distribution of food, assign guards at the entrances, or allow a limited number of people inside at a time. In contrast, back in the Primorsky district, there was a privately owned small store where the owner personally managed the entrance, allowing people in gradually. This created a more organised distribution system rather than a chaotic rush for supplies.

We left the city through Vasylivka in Zaporizhzhia district. Our convoy was shelled. We watched the car in front of us getting hit. It was literally seven metres away. Everyone inside was killed. It was the scariest day of my life, the most terrible experience. We watched ambulances rushing towards us and kept driving.

Right now, I'm in Enfield, Kansas. It's a town with a population of 12,000 people. I was surprised that despite its size it has everything: cafés, shops, etc. Back home, a town so small would completely lack infrastructure, and here it has everything for a comfortable life. I like it here, though in Mariupol our kids attended an excellent school where we knew they'd get a decent education, and here they get to go to an average one.

I like that the economy in the USA is so developed that you can just work at a regular job, and still have enough money to buy stuff and even make savings. We once spent three months in Ternopil and could barely get by with two salaries, and don't even get me started on the cost of rent there. Even people who own an apartment can barely afford groceries. It's different here.

Speaking of the people here, they really smile a lot, and I love it. There's this opinion that Americans' smiles are insincere. But I don't need their sincerity. I just like it when people smile at me.

After liberation, Mariupol needs production plants; I'm sure someone will build some. But they have to be environmentally safe this time. We have relatives in Mariupol, and once everything is okay, we'll visit them. People will return if it becomes a normal city again, with infrastructure, beaches, cafés, etc. But ecology remains the main issue, and past mistakes should not be repeated.

I haven't considered going back to Mariupol yet. I suppose it's a defensive reaction.

Ірина, Вінниця, 54
Iryna, Vinnytsia, 54

Узагалі-то я народилася в Росії, а мій чоловік із Чечні. Але ми прожили все наше життя в Маріуполі. Там було все: гарна робота, друзі та сім'я. Ми жили в Іллічівському районі, навпроти басейну «Нептун», у який прилетіла авіабомба. Чоловік працював дитячим лікарем, я за першою освітою теж дитячий лікар, але із 2002 року перейшла в косметологію, працювала в салоні краси. Ми непогано заробляли. Мені подобалося в місті, залишати його я не хотіла. Усі про екологію говорять, але в нас було чудове море. Воно допомагало заплющувати очі на більшість недоліків.

Я вірила, що буде повномасштабне вторгнення. Було відчуття, що нам не дадуть спокою. Я вже виїжджала з Маріуполя у 2014 році, вивозила батька-інваліда. Тоді ситуація була дуже серйозною, але чоловік не захотів їхати. Я місяць жила під Харковом у друзів, дуже сильно переживала за чоловіка і дала собі слово, що більше його не залишу.

24 лютого мене розбудив брат і сказав, що почалася війна, а дочка повідомила, що залишає Маріуполь. У неї сумки були зібрані, бо я ще раніше казала, що розпочнеться війна. Дочка з майбутнім чоловіком виїхала відразу зранку. У дорозі він зробив їй пропозицію. Їхня квартира повністю згоріла.

Чоловік говорив, що мені теж треба їхати, але я сказала, що цього разу його не покину. Я здогадувалася, що бомбардуванням околиць справа не обмежиться, і готувалася: придбала радіо, бо знала, що будуть проблеми зі зв'язком; закупила продукти, плівку для вікон. Але я не думала, що буде настільки погано.

Чоловік працював у дитячому госпіталі, до нього їздило багато пацієнтів. Це велика відповідальність, він не хотів залишати місце роботи. А коли ми захотіли виїхати, то це вже було неможливо. Крім того, чоловік дуже сильно захворів у перші дні війни, у нього загострилася подагра, йому важко було ходити навіть кімнатою.

Намагалися виживати й допомагати іншим. У мене була знайома дівчинка, інвалід, її бабусі 92 роки. Вони не могли вийти приготувати собі їжу. Ми готували на вогні, я бігала їх годувати. Ще один інвалід у нашому під'їзді був, у нього немає ніг, він пересувається на візку. Теж його годувала. Якось я приготувала їжу і мала її віднести дівчинці з бабусею. Мене за лікоть взяла сусідка і щось запитала, у цей час стався потужний вибух, і я чудом не розплескала на себе гарячу їжу. Потім побачила велику діру в залізних дверях будинку, до якого прямувала.

I was born in Russia, and my husband is from Chechnya, but we have lived most of our life in Mariupol. Our house was in the Illichivsk district, across from the Neptune swimming pool, now destroyed. My husband worked as a pediatrician, and I am also a pediatrician by education, but since in 2002 I switched to cosmetology. Our income was good. I liked the city, and I didn't want to leave. Ecology was an issue, but the sea helped us turn a blind eye to most of the shortcomings.

I had no problem believing there would be a full-scale invasion. I had a feeling they would not leave us alone. I had already fled Mariupol in 2014, evacuating my disabled father. My husband refused to come. I was worried sick about him, so I promised myself that I would not leave him again.

On 24 February, my brother woke me up and said that the war had started, and my daughter told me she was leaving Mariupol. Her bags were already packed because I had told her earlier that war was imminent. She and her future husband left early in the morning. He proposed to her in the car. Their apartment has now burned down.

My husband said that I should also leave, but I told him I would not abandon him this time. I bought a radio, stocked up on food, and bought window tape. So we were prepared, but we didn't think it would get as bad as it did.

My husband worked at a children's hospital. He felt responsible for his patients, so he didn't want to leave his job. By the time it became a matter of survival, leaving was impossible.

We did our best to survive and help the others. There was a disabled girl living with her 92-year-old grandmother; they couldn't go out and cook for themselves, so I brought them food. There was another disabled man on the block who had no legs and moved around in a wheelchair. I brought him food as well. One day, I was carrying food for the girl and her grandmother when a neighbour grabbed my elbow to ask me something, and at that moment there was a huge explosion. By some miracle, I didn't spill the hot food on myself. Then I saw a large hole in the metal doors of the building where I was going.

When we were leaving Mariupol, we found ourselves in the middle of an active war zone. I saw soldiers running towards our car, and I said goodbye to life.

Коли ми виїжджали з Маріуполя, то опинилися в центрі бойових дій. Я бачила, як у наш бік біжать солдати, і попрощалася з життям. Почала молитися. Ми їхали колоною із трьох машин і швидко дали задній хід. Із нами була вагітна дівчина, це вона спонукала нас виїхати. Прийшла до нас і запропонувала вибиратися будь-якими шляхами. Чоловік погодився, бо вже вважав, що треба їхати, він не хотів залишатися при окупаційній владі.

У мене було відчуття, що ми герої серіалу «Гра в кальмара»: нас просто хотіли знищити. Не знаю, як наша машина не постраждала, як нас не обстріляли. Ми виїхали з Маріуполя в бік Бердянська. Коли ми зупинилися, бо стояла колона, я вийшла і запитала, хто контролює Василівку. Мені сказали, що Україна. Я була готова цілувати землю! Я хотіла обійняти наших солдат, і побігла до голови колони, де вони стояли. Побігла, а позаду прогримів вибух. Я відчула біль у нозі. У мою п'яту влетів сантиметровий осколок і трошки розкришив кістку, розірвав сухожилля. Я не пам'ятаю, як добігла назад до машини. Чоловік запитав, що зі мною, ми зняли взуття, а нога вся в крові. Напевно, через адреналін біль не був таким різким. У мене була аптечка, чоловік зрізав одяг ножицями і перебинтував ногу. Вона вже не розгиналася, і я керувала машиною лівою ногою до Запоріжжя. Поступово почав наростати біль. Слава Богу, що територія була українською. Нас без черги пропустили, і поліцейські супроводили в Запорізьку область. Там відразу відвезли у відділення, і мене прооперували. Персонал у лікарні сказав мені, що це найлегше поранення, із яким до них звернулися. Ми до вечора чекали на операцію: людей постійно завозили на візках і каталках. Зараз нога ще не згинається, але я рада, що кінцівка залишилася.

Вінниця — дуже миле місто, ми його полюбили, це тепер наш другий дім. Тут гарний, щиросердий народ. Зовсім інший, ніж на Донбасі. У людей у приватному секторі цвітуть квіти. Усе дуже охайне в них. Але я хочу повернутися в Маріуполь. У Вінниці можна жити навіть у під'їздах, такі вони гарні. У будинках сучасні ліфти. Дитячі майданчики озеленені. Інфраструктура дуже продумана. Звичайно, хочеться, щоб у Маріуполі були такі райони. Не потрібно будувати 14 поверхів, вистачить і менше.

Я хочу, щоб у Маріуполі був гарний дім для літніх людей. Коли є літні батьки, за якими важко доглядати, вони мають жити в нормальних умовах. Хочу, щоб був гарний центр для відпочинку. У Харкові, коли дочка навчалася, я потрапила в центр «Сафарі». Там були сауни, басейн і спорткомплекс. Я б їздила в такий центр на інший кінець міста.

I started praying. There was a pregnant girl with us; she was the one who urged us to leave. She came and suggested escaping by any means necessary. My husband agreed because he didn't want to work for the invaders.

I had a feeling that we were in a scene from the Squid Game series: the Russians simply wanted to destroy us. I don't know how our car remained unharmed by the shelling. We exited Mariupol towards Berdyansk. When we stopped because there was a long line of cars ahead, I got out and asked who controlled Vasylivka. The people told me it was Ukrainian. I was so happy I wanted to hug our soldiers, so I ran towards where they were standing, and then there was a loud explosion, followed by a pain in my right leg. A fragment pierced my heel, fractured the bone, and tore the tendon. I don't remember how I made it back to the car. My husband took off my shoe, and my foot was covered in blood. Probably due to adrenaline, the pain wasn't that sharp. We had a first-aid kit, so my husband bandaged my foot. It wouldn't bend anymore, so I drove the car using only my left foot all the way to Zaporizhzhia. The pain intensified. Thank God we were finally in Ukrainian territory by then.

We were allowed through, and the police escorted us to Zaporizhzhia, where I was taken to a hospital and had surgery. The hospital staff told me that mine was the lightest injury they saw that day. We had to wait until late in the evening: people on stretchers kept coming in. My foot doesn't bend anymore, but I'm glad that I still have it intact.

Vinnytsia is a lovely city, we fell in love with it; it's now our second home. Everything is so neat and well-groomed, with flowerbeds and pretty little houses. The people here are kind. Everything is different from Donbas. But I want to go back to Mariupol.

In Vinnytsia the buildings have modern elevators. Children's playgrounds are surrounded with trees. The infrastructure is very well thought out. I would like to see this in Mariupol after liberation. And there's no need for tall buildings like we used to have.

I want Mariupol to have nice retirement homes. Elderly people who need special care should live in decent conditions. I'd also like there to be a recreational complex. I really like the Safari Centre in Kharkiv; it has saunas, a pool, and a sports club. If we had one like that in Mariupol, I'd be a regular.

2 ВІЙНА
WAR

ВІЙНА | WAR

2.1 Руйнування міста в 2022 році | Destruction of the city in 2022
2.2 Невизначеності | Uncertainties
2.3 Припущення | Assumptions

2.1 Руйнування міста в 2022 році

Російська армія розділила місто на квадратні зони і знищувала його артилерією метр за метром, багатоповерхові будинки розстрілювала з танків та бомбила з літаків прямо з мешканцями. Пошкоджень та руйнувань зазнало не тільки житло — ворог безжально знищував школи, музеї, театри, парки, площі, шматуючи «міську тканину», перетворюючи на руїни цілі райони.

Вщент зруйновані історична частина центру міста та лівий берег, завод «Азовсталь», важливі міські домінанти, насамперед драматичний театр, будинки зі шпилями та забудова 19-го сторіччя. Реальні втрати населення за деякими оцінками можуть наблизитись до 100 000 людей. Більшість вцілілого населення виїхала з міста, по суті Маріуполь сьогодні — місто в екзилі.

Знищення Маріуполя можна порівняти з найгіршими руйнуваннями і катастрофами, викликаними війною та стихійними лихами: Хіросіма і Нагасакі, Роттердам, Алеппо, Варшава, Ґюмрі, Бам. Кожне з цих міст вимагало скоординованих міжнародних зусиль для відновлення.

Відновлення Маріуполя сьогодні оцінюється міською владою в 15 млрд євро — це бюджет міста в мирний час за 100 років.

Destruction of the city in 2022

The Russian army divided the city into squares and systematically levelled each square with artillery, metre by metre. This process included firing on multi-storey residential buildings from tanks, along with aerial bomb and missile strikes without regard for the safety of the residents. It was not only housing that was damaged and destroyed — the enemy ruthlessly destroyed schools, museums, historical structures, theatres, parks, and squares, tearing up the 'urban fabric' and turning entire neighbourhoods into ruins.

The historical part of the city centre and the left bank, the Azovstal plant, important city landmarks, primarily the drama theatre, spire buildings, and nineteentth-century buildings were completely destroyed. Some estimates put the total casualty rate at close to 100,000. Most of the surviving population left the city; Mariupolites are now largely a community in exile. The destruction of Mariupol can be compared to the worst destruction and disasters caused by war and natural disasters, such as Hiroshima and Nagasaki, Rotterdam, Aleppo, Warsaw, Gyumri, and Bam. These cities required coordinated international efforts to rebuild. Today, the city authorities estimate the cost of restoring Mariupol at 15 billion euros, which is the city's peacetime budget for 100 years.

Зруйнований будинок в Маріуполі | Destroyed building in Mariupol
Фото: Євген Сосновський | Photo: Yevhen Sosnovsky

Фото: Євген Сосновський | Photo: Yevhen Sosnovsky

Фото: Євген Сосновський | Photo: Yevhen Sosnovsky

Зруйнована маріупольська школа 66 | Destroyed Mariupol School 66
Фото: Євген Сосновський | Photo: Yevhen Sosnovsky

Вгорі праворуч — Центр міста
Внизу праворуч — Лівобережний район

*Мапа руйнувань історичного центру
та прилеглих територій*

Червоний — 100% зруйновано
Помаранчевий — значні пошкодження
Жовтий — часткові пошкодження
Зелений — пошкодження відсутні/не підтверджено

Top right: city centre
Bottom right: Left-bank district

*Map showing damage in the historical centre
and adjacent neighbourhoods*

Red: 100% damaged
Orange: mostly damaged
Yellow: partly damaged
Green: undamaged or unconfirmed status

Мапа щільності руйнувань
Градієнт показує щільність руйнувань від більше 500
об'єктів/км² до менше 100 об'єктів/км²
Червоний — близько 500 об'єктів/км²
Рожевий — близько 100 об'єктів/км²

Map of destruction densities
The gradient shows densities of destruction from more
than 500 objects/km² to less than 100 objects/km²
Red: approximately 500 objects/km²
Pink: approximately 100 objects/km²

33

2.2 Невизначеності

У плануванні майбутнього Маріуполя є багато невизначеностей. Ми не знаємо точно, в якому стані буде місто після деокупації та звільнення. Так само ми не знаємо, що будуть найближчим часом реконструювати, будувати чи зносити окупанти.

Ми також не знаємо, скільки людей повернеться і коли вони це зроблять.

Але є деякі важливі речі, які ми знаємо. Ми знаємо історію та географію міста з морем, його річками та пагорбами. Ми знаємо контекст передмість та більш ширший контекст географічних відносин Маріуполя з іншими містами України. Ми розуміємо контекст Росії, що розташована в 40 кілометрах.

І ще ми знаємо, що Маріуполь символізує багато речей. Місто вже було символом промисловості та інновацій, а з іншого боку — символом промислового забруднення. Сьогодні Маріуполь — символ болю, але також і символ сили та сталевої стійкості.

Оскільки ми не уявляємо, яким буде місто після звільнення, то говоримо про підходи і припущення.

Uncertainties

There are many uncertainties in planning the future of Mariupol. We do not know exactly what condition the city will be in after de-occupation and liberation. We also do not know what the occupiers will reconstruct, build, or demolish in the near future.

We also do not know how many people will return and when.

But there are some important things that we do know. We know the history, geography, and topography of the city with its sea, rivers, and hills. We know the context of the suburbs and the broader context of Mariupol's geographical relationship with other cities in Ukraine. We understand the context of Russia's proximity – a mere 40 kilometres away.

We also know that Mariupol symbolises many things. The city has been a symbol of industry and innovation but also of industrial pollution. Today, Mariupol is a symbol of pain but also of resilience.

Here are our approaches and assumptions.

2.3 Припущення

- Вся територія України звільнена. Маріуполь не тільки відновлюється, а й стає морським логістичним хабом для відновлення сходу України.
- В Азовському морі забезпечено свободу судноплавства. Маріупольський порт може повноцінно функціонувати.
- У Маріуполі безпечно жити завдяки вступу України в НАТО чи в інший оборонний союз. Люди не бояться повертатися в місто.
- Україна продовжує інтеграцію в ЄС, посилює моніторинг досягнення Цілей сталого розвитку в Україні та впроваджує жорсткіші екологічні стандарти. Міська металургія переходить на нові чисті форми виробництва.
- Маріуполь отримує гранти і довгострокові кредити для швидкого відновлення, а мешканці — відшкодування за втрачене майно. Місто зростає темпами, що випереджають міграцію, та залучає нових мешканців.

Візія фокусується на середньостроковій перспективі розвитку міста з населенням у 250-400 тисяч людей та окреслює можливу стратегію зростання до 800 тисяч. Проте найголовнішим завданням проєкту є забезпечення комфорту мешканців та якості життя в міському середовищі на кожному окремому етапі розвитку.

Assumptions

The entire territory of Ukraine is liberated. Mariupol is not only restored but also emerges as a maritime logistics hub for the reconstruction of eastern Ukraine.

The Sea of Azov is open to navigation. The Port of Mariupol can fully function.

It is safe to live in Mariupol because of Ukraine's accession to NATO or another defensive alliance. People are not afraid to return to the city.

Ukraine continues to integrate into the EU, strengthens monitoring of the Sustainable Development Goals in Ukraine, and implements stricter environmental standards. Urban metallurgy is reconstituted by a switch to new, cleaner forms of production.

Mariupol receives substantial grants and long-term loans for rapid recovery, and residents receive compensation for lost property. The city grows at a rate that outpaces outmigration and attracts new residents.

The vision focuses on the medium-term development of the city with a population of 250-400 thousand people and outlines a possible growth strategy to become a city of 800 thousand people. However, the project's main objective is to ensure that residents are comfortable and have good quality of life in the urban environment at each stage of development.

Ольга, Велика Британія, 45
Olga, UK, 45

Я в Маріуполі працювала у шпиталі. Дуже люблю це місто, як і всі маріупольці зараз. Ми сумуємо, нам його дуже не вистачає. Стільки було зроблено! Місто стало красивим, реалізовувалися скажені проєкти. Люди хотіли там жити; молодь не планувала кудись їхати звідти. У всіх була робота завдяки заводу, порту; було все потрібне.

Я не вірила, що буде повномасштабна війна. Навіть 24 лютого вважала, що все буде, як у 2014 році, а поки просто дитина менше гулятиме. Але біля мого будинку була військова частина, тож ми вирішили бути обережними й поїхали до друзів, у котрих був свій будинок і підвал. Я знала, що в нас тут сильний «Азов», тож думала, ну, треба протриматися кілька днів — і все буде добре. Але зникли світло та газ, потім мобільний зв'язок, і стало зрозуміло, що все затягнеться.

Нам пощастило, що ми були не в багатоповерхівці, а в підвалі будинку. Нас там було чотири сім'ї. Неподалік була криничка, ми ходили до неї за технічною водою. Також ще залишалося небагато запасів їжі, консервів, помідорів, солінь тощо. Із нами були маленькі діти, ми дуже переживали за них, наймолодший мав два рочки. Ну, топили кригу, топили сніг, кип'ятили воду — як усі. Усе, що могла, я купила в аптеці в останні дні, бо не знала, як далі буде. У будинку було –2 градуси, ми тільки 22 березня виїхали, але жодна людина за цей час не захворіла. Можливо, наявність питної води й запасів продуктів була плюсом.

Найстрашніше стало, коли кожні 15 хвилин летів літак і скидав мінімум 3 бомби. Радіо не було, потім у сусідів знайшли приймач, там сказали, що Запоріжжя — це вже не Україна та інші подібні речі. Це, напевно, було найжахливіше: через інформаційний вакуум ми не розуміли, що відбувається. Ми жили в підвалі, інколи підіймалися нагору, і з вікон будинку було видно, як їдуть колони машин. Ми не знали, куди вони їдуть, для чого. Потім хтось із сусідів розповів, що можна виїхати в Бердянськ, а далі — у Запоріжжя, там наші. Гуманітарних коридорів не було. Усе на свій страх та ризик.

Я на роботу ходила до 20-го березня, тому що там були ковідні хворі, за якими потрібно було доглядати. Поранених до нас не привозили. Наші лікарі першу допомогу надавали у 17-ій та 4-ій лікарні, поки ще працювали «швидкі». Потім у нашу лікарню влучили, і вона перестала функціонувати.

21-го березня пішла до магазину «Азов'я», щоб зв'язатися із братом, який перебував в Одесі, адже в магазині був генератор і ловив «Київстар». Під'їхала поліцейська машина. А я на

I worked in a hospital in Mariupol. I love this city very much, as do all Mariupol residents right now. We miss it a lot. It was flourishing! There were amazing plans for the future. The residents loved it there in recent years, and the young people didn't want to leave. There were enough jobs thanks to the plants and the port. We had everything.

I didn't believe that there would be a full-scale war. Even on 24 February, I thought it would be like in 2014, and my child would just play less outside for a while. But there was a military unit near my house, so we decided to be cautious and went to our friends' place. They owned a house with a basement. I knew the Azov brigade was protecting us, so I figured we'd only have to hold out for a few days. I was wrong.

We were lucky that we were not in an apartment building, and that the house had a basement. Three other families were staying there. There was a well nearby, so we had non-potable water. And we stocked up on canned food and preserves. We had small children with us. We were very worried about them, the youngest was only two years old. We had to melt ice and snow, and we boiled water over a fire. Just like everyone else. I managed to stock up on essential meds. The temperature in the basement was below zero, and we stayed there until 22 March, but no one fell sick during this time. I guess the fact we had water and food supplies was what saved us.

The scariest part was when every 15 minutes a plane flew by and dropped at least three bombs. There was no radio signal, but then the neighbours found a receiver, and the station said Zaporizhzhia was no longer under Ukrainian control. Not knowing the actual news was the worst part of it all. We would sometimes come out of the basement and look out from the windows. Sometimes there were streams of cars passing by. We didn't know where they were going or why. Then a neighbour told us there was a chance to exit the city towards Berdyansk and then Zaporizhzhia. That it was Ukrainian after all. But there were no humanitarian corridors. If you went, it was at your own risk.

I went to work until 20 March because we had COVID-19 patients who needed care. The injured were treated in other hospitals. Our doctors provided first aid in hospitals 17 and 4 while the ambulances were still operating. Then our hospital was hit and ceased to function.

роботі перетиналася з поліцією, а тому знала хлопців, які там працювали. І номери на тій автівці були наші, форма також наша, а ось хлопці були не наші. Я вирішила, що не ловитиму зв'язок і повернулася додому. Ми прокинулися зранку, поспілкувалися з людьми та зрозуміли, що ми вже не є частиною України. Тож вирішили виїжджати на свій страх та ризик.

22-го зранку ми вирушили з міста, нас було три сім'ї. Я, слава Богу, встигла заправити машину, а колеса з акумулятором ми закопали на городі. Також закопували консерви та іншу їжу, бо вночі ходили окупанти з тепловізорами, шукали, що вкрасти.

Ми вирушили через Бердянськ у Запоріжжя. Це був важкий шлях, дуже небезпечний, оскільки блокпост у Селищі Моряків був уже не нашим. Коли виїжджали з Бердянська, то довелося лежати у виритому кюветі, оскільки над нами все літало. Якраз того дня вибухнув корабель…

Зараз я живу в Англії за програмою «Будинок для України», у Чорлівуді, це неподалік від Лондона. Скаржитися не можу: люди нас прийняли, ми їм вдячні. Спершу лякалися, бо поруч військова база, а тому літають літаки та гвинтокрили. У мене тиск підіймався до 220 одразу, як чула звук. Але тепер уже розумію, що я в безпеці.

Моїй дитині шістнадцять, я через нього поїхала. Він навчається онлайн в одеській школі. Хочу, щоб він екстерном здав програму й вступив до університету. Після його вступу, коли я буду більш спокійною, я повернуся в Україну і зможу працювати та волонтерити. Я дуже хочу повернутися в Маріуполь, коли це буде Україна. Неважливо, у якому він буде стані. Ми з головним лікарем у січні вже планували, які в нас відділення будуть нові, які медикаменти нам потрібні, які програми ми будемо з Національною службою здоров'я виконувати…

Я вважаю, що маріупольці стали дуже сильними через ці події. Дуже багато людей хочуть повернутися. Усі братимуть участь у відбудові міста, і для них це буде за щастя. Молодь також захоче повернутися. Тим паче я 100% знаю, що в Маріуполь тепер захочуть поїхати з усіх куточків світу.

Щодо того, який має бути Маріуполь майбутнього… Хотілося б, звичайно, історичну частину міста відновити. Море треба привести до ладу, бо це наша найбільша лікувальна сила. А на «Азовсталі» будуть екскурсії проводити, розповідати про війну нашим онукам і правнукам.

"

On 21 March I went to the Azovia store to call my brother, who was in Odesa because the store had a generator and a mobile signal. A police car pulled up. I had dealt with the police at work, so I knew the guys who worked there. The license plates on the cars were Ukrainian, and so were the uniforms, but the policemen themselves were strangers. So I decided to go back home as soon as I could. In the morning we realised we were no longer a part of Ukraine. So we decided to leave at our own risk.

On the morning of the 22nd we left the city with two other families. Thank God my car tank was full. We buried some spare tires, a battery, canned food and other supplies in the garden because the invaders with thermal imagers were snooping around in search for things to loot. We set off to Zaporizhzhia through Berdyansk. It was a tough journey, and a dangerous one. When we were leaving Berdyansk, for a while we had to take cover in a trench while debris rained down around us.

Right now I'm in England with the Homes for Ukraine programme, in Chorleywood, not far from London. The people here are very helpful. There is a military base nearby, and at first my blood pressure would spike every time I heard a plane or a helicopter. But now I know I am safe.

My son is 16, and he's the reason I left. He studies online at an Odesa school. I want him to graduate as an external student and go to university. After that, I can go back to Ukraine and help out as a volunteer. I really want to return to Mariupol when it will be Ukrainian again. My colleagues and I are already discussing how we're going to reopen the hospital after liberation, and how we're going to sign a contract with the National Health Service.

I believe that this war has made the people of Mariupol very strong. Many of us want to return. We'll gladly take part in rebuilding the city. Our young people also want to go back. And Mariupol is going to be a travel destination for people from all over the world now.

I think the historic centre needs to be restored. The sea needs to be demined and made safe because the sea was always a great healing power for us. And I'm sure the Azovstal factory is going to become a memorial that will tell our grandchildren and great-grandchildren about this war.

Фото та ім'я не публікуються з міркувань безпеки
Photo and name withheld for security reasons

У нашому місті була проблема з екологією, а інше мене влаштовувало. Були невеликі періоди, коли я працював в інших містах, але завжди повертався додому. У мене було нормальне життя і цікава робота, яка приносила і зарплату, і задоволення.

У нашому колективі ще восени точилися розмови про повномасштабне вторгнення. Я скептично до цього ставився: мені здавалося, що ЗМІ штучно розганяють цю тему. Повірив, що буде війна, коли 22-го чи 21-го числа Путін сказав, що вони визнають так звані ДНР-ЛНР. Я зрозумів, що будуть серйозні бойові дії, але не припускав, що вони почнуться в областях, які не належать до Донецької та Луганської: Київ, Херсон тощо.

Мені вдалося виїхати з Маріуполя 13 травня. До цього ми жили в моєї мами, зібралися всі родичі разом, тому що в неї була більша квартира. Правильно зробили: тепер будинок, де була моя квартира, на Кіровському масиві, знищено. Цей мікрорайон один із найбільш постраждалих, бо він на перетині доріг, що йдуть у всі чотири райони міста.

Найгарячішим був період із 14-го до 20 березня. Обстрілювали мій район, сусідні будинки були побиті. Ми з родиною подруги дитинства готували їжу на вулиці. Почався мінометний обстріл, вона побігла до під'їзду, але не встигла. У неї влучили два осколки: один у груди, другий у голову. Відразу померла. Чоловікові пробило легеню. Думали, що не виживе. У сусіда по сходовому майданчику зі спини стирчав рваний шматок м'яса, і нога була наскрізь пробита осколком. Я не знав, куди їх везти: ні лікарень поряд, нічого. Це був найстрашніший момент.

Підвал у дев'ятиповерхівці – таке собі укриття. Братську могилу там можна влаштувати. Тому ми намагалися більше перебувати на поверсі біля ліфта. Потім, коли я вийшов у місто, зрозумів ілюзорність ідеї, що там безпечніше: половини будівель просто не було. Коли зайшли днрівці, нас довго не випускали з району. Ми могли максимум пройти до річки. Пощастило, що десь за кілометр від нас річка була, можна було хоча б технічної води набрати.

Люди, які спромоглися виїхати на початку, не проходили фільтрацію, а коли увійшли війська Росії та ДНР, уже випускали лише після фільтрації. Відбувалася вона у двох селищах міського типу: Мангуш та Микільське. Були великі черги. Були ті, хто не пройшов фільтрацію та залишився там. Було страшно, що ми теж не пройдемо: ті, хто працював у ЗМІ, мали з цим проблеми, а я в Маріуполі працював на телебаченні. Але ми зрештою змогли виїхати до Росії.

Ecology was a concern, but everything else in the city suited me. There were short periods when I worked in other cities, but I always returned home. I enjoyed a regular life and a job that provided both income and fulfilment.

We had been speculating about a full-scale invasion since the fall. I thought the media was exaggerating the likelihood, so I was sceptical. But I knew war was imminent once Putin announced their recognition of the so-called DNR-LNR on 21 or 22 February. Still, I didn't expect there'd be fighting in Kyiv and Kherson; I thought the attacks would be limited to Donetsk and Luhansk regions.

I left Mariupol on 13 May. Before that, we lived at my mother's place with all our relatives because she had a large apartment and surviving together was easier. Moving there was the right decision; my apartment in the Kirovsky district is now destroyed. That particular neighbourhood is one of the most affected because it is at an intersection of roads leading to all four areas of the city.

The toughest period was from March 14 to 20. My district was shelled; neighbouring houses were hit. One day, we were cooking on the street with the family of my childhood friend when the shelling began. She ran for cover, but didn't make it in time. She was hit in the chest and head and died on the spot. Her husband's lung was pierced by a fragment; we thought he wouldn't survive. Another neighbour had a chunk of flesh hanging from his back, and his leg was wounded. I didn't know where to find help: there were no hospitals nearby, nothing. It was the most terrifying moment.

The average basement of a regular Soviet nine-storey building is not a good bomb shelter, to put it mildly. It's a potential mass grave. So we tried to stay on the floor near the elevator. We mistakenly thought it was safer there: later, when I went outside, I saw entire parts of buildings completely gone. When the DNR troops entered our district, they wouldn't let us leave. We were only allowed as far as the river, but we were lucky there was a river. It was about a kilometre away, so at least we had access to non-potable water.

The people who left during the first days didn't have to go through 'filtration'. Once the Russian and DNR troops came, there was no avoiding it. The checks took place in Manhush and Mikils'ke near Mariupol. People had to wait in long queues. Some didn't pass filtration and were

Ті, хто їхав евакуаційним автобусом, проходили фільтрацію не в цих селищах, а в іншому місці. Надавали розміщення у школі, ми на дерев'яній підлозі ночували. Далі мали нас везти, наскільки пам'ятаю, через Таганрог кудись убік Уралу. А ми втекли, і батьки зробили так само: до автобуса після фільтрації не повернулися. Зв'язалися зі знайомими та в них побули, доки я не знайшов волонтерів, які допомогли виїхати.

Німецька організація волонтерів «Рубікус» сказала, що є можливість відвезти нас із Росії в Ірландію, тому нам головне було дістатися до Ростова. З Ростова до Пітера, звідти до Нарви, потім до Таллінна, і вже з Таллінна ми долетіли до Дубліна.

Дублін – безпечне місто, тут добрі люди, але у нас в Маріуполі багато чого було краще. Наприклад, громадський транспорт. Ти, сидячи вдома, за допомогою програми, можеш подивитися, де перебуває маршрутка або тролейбус, через скільки буде біля тебе. І я практично ніколи не чекав на транспорт. Перерви були 5–7, максимум 10 хвилин. Тут є маршрути з різницею очікування автобуса з півгодини-годину. Він може проїхати, просигналивши тобі, що знявся з лінії. Інтернет у Маріуполі теж набагато кращий був. Але тут чудові молочні продукти за прийнятну ціну. Ми, коли приїхали, змогли собі дозволити те, що було недоступне в Україні, бо не дуже шикували. Сир продається найрізноманітніший. У цьому плані тут прекрасно.

У всіх біженців, із ким тут спілкуюся, туга за Україною. У нашому маріупольському випадку це посилюється тим, що, коли ти повернешся, це вже буде інший Маріуполь. Я регулярно дивлюся на Youtube відео про місто: їх постійно підсовують у стрічку. Деякі райони зараз, коли знесли цілі квартали, я не впізнаю, а коли були будинки, що згоріли, ще можна було впізнати.

Маріуполь входив до десятки найбільших міст України, бо в ньому були великі містоутворюючі підприємства. Якщо не буде цих підприємств, а повернуться усі 500 тисяч мешканців, вони не будуть забезпечені роботою. Тобто, та сама кількість людей без заводів і без порту не зможе існувати. Я повернусь, якщо буде робота. Треба шукати, може, якось перекваліфікуюся.

Треба спробувати зцілити травму, яку отримали маріупольці, утративши своє місто. Оскільки неможливо повернутися до того ж Маріуполя, новий має бути кращим за старий, щоб люди могли пишатися.

detained. I was worried I'd end up among them: people who worked in the media were scrutinised, and I used to work for TV in Mariupol. But eventually we managed to leave for Russia.

We were supposed to be transported through Taganrog towards the Urals. But we escaped, and so did my parents: we simply didn't return to the bus after filtration. We got in touch with some friends and stayed with them until I found a group of volunteers who helped us leave.

The German-based Rubikus charity promised to evacuate us from Russia to Ireland, so our goal was to get to Rostov. From Rostov we went to St Petersburg, then to Narva, then to Tallinn, and from there we flew to Dublin.

Dublin is a safe city with kind people, but there are many things I preferred about Mariupol. For example, our public transport. Before you left your house, you could check through an app where your minibus or trolleybus was in real time, and how soon it would be at your bus stop. So I almost never had to wait, and the buses ran every ten minutes. Here you sometimes have to wait up to an hour for the next bus. And even then, it can pass right by without stopping because, for some reason, the driver is done for the day. The internet worked much better in Mariupol as well. However, I enjoy the dairy products here, and the prices are reasonable. We found we could afford things here that we couldn't back in Ukraine because we saw them as luxuries. There's a wide variety of cheese here, too. I love it.

All the Ukrainian refugees I talk to here are homesick. For Mariupolites, the homesickness is especially bitter because we'll never see our city again the way it was. I keep watching videos of Mariupol on YouTube: they constantly show up in my feed. I can't even recognise some neighbourhoods after entire blocks have been demolished. When the buildings stood there in ruins, I still could.

Mariupol was among the ten largest cities in Ukraine because it had large city-forming enterprises. Now that they're gone, even if all the former 500,000 residents go back, there won't be enough jobs. The city can't be as big without the factories and the port. I'll go back if I can find a job. I can handle a career change if I have to.

We need to heal the trauma that the residents of Mariupol have suffered when they lost their hometown. And, since it's impossible to return to the same Mariupol, the new one has to be better than the old one, to make us proud.

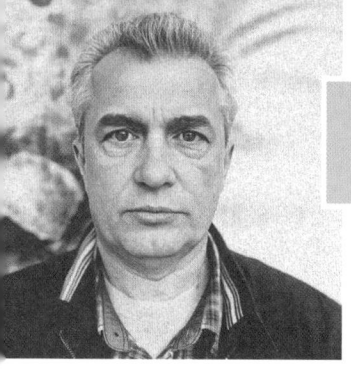

Андрій, Запоріжжя, 53
Andrey, Zaporizhzhia, 53

Я працював 24-го числа, коли відбувся напад. Нам сказали все одно виходити на роботу: як комунальне підприємство ми повинні були підтримувати інфраструктуру навіть під час війни.

Маріуполь останні 8 років процвітав. Якщо хтось там давно не був, цього не оцінить. Все було нормально. І я не вірив у повномасштабне вторгнення: ми пережили 14-й рік, тож здавалося, знову пошумлять і все заспокоїться. Лише числа 15-го березня стало очевидним, що місто в облозі. Загальна картина була незрозумілою, ми не знали, що відбувається у країні, бо інтернету не було. Якраз 15-го ми залізли на сьомий поверх, там «Київстар» працював. Зв'язалися з Мангушем та Запоріжжям. Нам сказали, що там є вода, електрика, їжа, банки навіть працюють!

Відчуття було, що ти, наче загнаний щур. Ми видобували воду, збирали продукти, рятували сервери підприємства. Потім вимкнули електрику. Помпи не працювали, і хоча директор і старший майстер на роботу виходили, намагалися щось організувати, уже все сипалося.

За тиждень авіабомб ми зрозуміли, що шансів вижити дедалі менше. Виїхали ми 16-го березня, з великою колоною від Драмтеатру. Нам сказали, що в Мангуші нас приймуть, нагріють воду та їжу, можна буде привести себе до ладу. Треба було якось прорватися, але всі, хто намагався, знайомі, сусіди, друзі — усі поверталися: скрізь стріляли та бомбили. Будь-яка машина на вулиці перетворювалася на решето. Сусід заліз у льох за огірками, вилазить — машина розстріляна. Якби він за банкою не нахилився, його б убили.

15-го числа росіяни захопили наш квартал. Перед цим наші танкісти під'їхали та попередили, що відступають, мовляв, рятуйся хто може. Коли пішли російські танки, наші добре по них гатили, мені сподобалося. Башти зривало тільки так, там тіла і на деревах, і на дротах висіли.

Ми вирішили поїхати, коли авіабомби по пів тонни почали падати біля будинку. Дрова збирали — і побачили, як дві машини та прохід між будинками засипало землею. Ми виявилися підготовленішими за багатьох: мали й акумулятори та інше. Машина, гараж. Ми перевзули колеса, щоб поганою землею їхати або обстріляною дорогою. Машина маленька, але собака, теща, дружина, діти — всі влізли. Потім побачив, що навіть ті люди, які не готувалися виїжджати, усі, хто мав хоч якийсь транспорт, «жигульочки» якісь, усі в тій колоні були. Усі зрозуміли, що це капець: віч-на-віч із ворогом.

On the 24th, we were told to go to work anyway: as a public utility company, we had to maintain infrastructure even during the war.

Mariupol has been thriving for the last eight years. You'd have to have seen the city before and after to appreciate the scale of the changes. And I didn't believe there'd be any serious invasion. I thought there'd be some noise and then everything would calm down like back in 2014.

By 15 March, the city was under siege. We didn't know what was happening in the rest of the country because there was no internet. On the 15th, we climbed to the seventh floor, where there was still some mobile network coverage. We learned that Manhush and Zaporizhzhia still had water, electricity, and even the banks were open.

We felt trapped. Water was scarce, we had to scavenge for food, and meanwhile we tried to keep things running at work. Then the electricity was cut off. The pumps came to a halt and, although the team tried to find at least a temporary fix, everything fell apart.

A week into the air bombings, we realised that our chances of survival were diminishing. We left on 16 March, with a large convoy from the Drama Theatre. We were told that in Manhush they would provide us with hot water and food, so we wanted to get there at any cost. But there was bombing and shelling everywhere. Any car on the street was a target. Our neighbour went to his cellar to retrieve some pickles, and once he came out, he found his car pierced with bullets. Had he not bent down to reach for the jars, he wouldn't be alive.

On the 15th the Russians took control of our block. Just prior to that, some of our soldiers came to warn us they were retreating and suggest that we run for our lives. Then the Russian tanks came, and our guys gave them a bit of hell. Turrets were blown off; dead bodies ended up hanging from the trees and power lines. It gave me an odd sense of satisfaction.

We had a car, which put us in a better position than many others. We changed the wheels to drive across shelled roads or rough terrain. It was a small car, but luckily we all fitted in: me, the dog, my wife, my mother-in-law, and the kids.

Ми тікали поспіхом. Хотів попередити батьків, зібрали їм торбу з їжею: у мене мати паралізована півтора року. Але не встиг. Ми востаннє бачилися з нею 9 березня. Ще 13-го батько до нас дійшов пішки — від них до нас десь 4 кілометри. Тепер усі старі мертві. У когось інсульт трапився, у когось інфаркт. Будинок батьків росіяни з танка розстріляли. Мати була нетранспортабельна і згоріла в ліжку.

Коли я виїжджав, уся електропроводка, усі стовпи — усе лежало, містом проїхати неможливо було. Ближче до молокозаводу ми вперлися в російські БТРи. У мене сталася паніка: як з ними поводитися? Якщо не підійду до них, можуть розвернутися та стрільнути. Вийшов із машини, підійшов і запитав, чи так можна проїхати, нам треба в Мангуш. Вони кажуть: тут бої, вас уб'ють. Спробував поїхати іншим шляхом — уперся в електродроти. Якщо автомобіль і проїде, то через два кілометри буде весь обдертий. Треба було повертатися до «Порт-Сіті».

Дорогою ми постійно зупинялися: скрізь були міни. Колона розділилася: хтось пішов одразу на Запоріжжя, а ми в Мангуші, де була перевалкова база для біженців, відмилися, довідалися, як можна виїхати, купили хліба. Там був інтернет, ми дізналися, що Київ — наш, Запоріжжя — наше. І вже рано-вранці, коли комендантська година закінчилася, виїхали в бік Запоріжжя.

Підрозділ, який контролював Мангуш, нас не обшукував, навіть паспорт не подивилися. Дорогою ще два блокпости поверхово оглянули паспорти. І цього дня, доки ми їхали, загинули наші батьки. Ми про це дізналися потім, через їхніх сусідів, вони квартирами товаришували.

Ми повернемося. Нам дуже дорого дісталося те, що там є. Родичів не повернеш. Я втратив за цей рік шістьох… У Мангуші у нас залишається шматочок землі 15 соток і якась ділянка в тещі. Там будинок, маю там інструмент, зварювальний апарат, і все закрито в гаражі. Сусіди наглядають. Наш директор також нас готує до повернення. Спочатку до міста увійде група зачистки та розмінування, потім ми, комунальники, щоби запустити комунікації у місті. А «Зеленбуд» розгрібатиме завали. Нам би дочекатися деокупації.

Зараз я у Запоріжжі. Ми потрапили до більш-менш комфортних умов, маємо тут рідню. Нас тепло тут зустріли. Якщо говорити про Маріуполь, то треба будувати нове місто. Колись мені начальник лабораторії казав: як закриють заводи, місто не помре. Буде туризм, гарний пляж. Кажуть, зараз повітря дуже чисте, бо не працюють заводи.

Unfortunately, I was unable to say goodbye to my parents and tell them we were leaving. My mother had been paralysed for over a year; the last time I saw my dad was on 13 March, when he walked four kilometres to visit us. They're both dead now. Their apartment building was hit by Russian tank fire. My mother was bedridden and burned alive in her bed.

When we approached some Russian armoured personnel carriers, I panicked. How was I to deal with them? What if they'd just open fire? I got out of the car, approached them, said we were headed to Manhush and asked for directions. They said we'd get killed if we went down the road ahead. I tried a detour, but ran into tangled power lines, so we had to go back to Port-City mall and go from there.

There were mines everywhere. The convoy split: some went straight to Zaporizhzhia, but we stopped in Manhush, which served as a transit point for refugees. We washed, checked the maps, and bought some bread there. We also learned that Kyiv and Zaporizhzhia were still under Ukrainian control. The moment the curfew was over, we headed out towards Zaporizhzhia.

We will return. We paid an outrageous price for what we owned. I lost six relatives. We own some land in Manhush, and my mother-in-law has property down there. I have tools and a welding machine locked in my garage. Our neighbours are keeping an eye on them.

Our utility company will enter the city with the first responders. After landmine clearance, we'll be responsible for relaunching the city's life support. So I'm looking forward to when Mariupol is liberated.

We're currently in Zaporizhzhia. The conditions are pleasant, and we have family here, so we feel welcome.

Mariupol needs to become something new. My boss once told me that even if the plants stop working, the city won't collapse. We have beautiful beaches that will attract tourists. Especially now that the air is clean.

3 ВДОМА
HOME

ВДОМА | HOME

3.1 День, коли підніметься український прапор |
The day the Ukrainian flag is raised

3.2 Співпраця та участь | Cooperation and participation

3.3 Безпека | Security

3.4 Людський масштаб | Human scale

3.5 Сусідство 15 хвилин | 15-minute neighbourhood

3.1 День, коли підніметься український прапор

У результаті російських бомбардувань у місті залишились поодинокі оточені руїнами осередки вцілілого житла, в яких наразі проживають люди, що залишились в окупованому місті.

Ми пропонуємо модель відновлення та розвитку «Мережа сусідств», в якій ці заселені території стають основою для відновлення та розбудови міста.

Ключовим і найбільшим сусідством в місті має стати його серце — центральна частина.

Сусідства перш за все розбудовують власний життєвий простір і мають отримати для цього достатні ресурси і певні повноваження щодо їхнього розподілу.

Кожне сусідство має свій офіс розвитку — центр надання послуг та підтримки маріупольців на кшталт центрів «Я.Маріуполь», які функціонують зараз в містах України.

У кожному сусідстві створюються умови для виникнення сервісів та гідних умов життя, і кожне сусідство може розвивати власну ідентичність.

Між сусідствами забезпечується ефективне транспортне сполучення, щоб вони могли функціонувати як єдина мережа.

Пріоритезація відновлення території, де мешкають люди, дозволить швидко створити осередки відносно якісного середовища для життя тих, хто вирішить повернутися в місто і хто буде його відновлювати.

Містом розроблено «Стратегію негайної відповіді» з переліком перших проєктів, які мають бути реалізовані починаючи з моменту деокупації. Ми вважаємо її якісним планом, який підтримує візію, закладену в цьому проєкті, а з іншого боку ця стратегія наслідує кроки, закладені в плані негайної відповіді.

Проте варто зазначити, що з досвіду багатьох дослідників, які займались післявоєнним плануванням, зв'язок між короткостроковим відновленням та довгостроковою стратегією часто недооцінювався, що призводило до суттєвих перевитрат ресурсів і значно меншої якості результату, ніж можна було б досягнути в рамках тих самих бюджетів.

Тому обов'язковим наступним кроком у процесі відновлення має стати узгодження урбаністичних та архітектурних підходів, процесів прийняття рішень і особливо механізмів координації для досягнення синергії між тактичними та стратегічними діями.

The day the Ukrainian flag is raised

As a result of the Russian bombardment, the city was left with a few pockets of surviving housing, surrounded by ruins, which are now inhabited by people who have remained in the occupied city.

We propose a model of recovery and development called 'the Neighbourhood Network', in which these inhabited pockets become the basis for urban renewal and development.

- The largest neighbourhood in the city should be the network's focal point.
- The local governing bodies of the neighbourhoods will have agency over resource allocation for building their own living areas and should be given sufficient resources and powers to allocate resources.
- Each neighbourhood has its own development office, a centre for providing services and support to Mariupol residents, similar to the Ya.Mariupol (I am Mariupol) centres that are now operating in other cities across Ukraine.
- Each neighbourhood creates conditions favouring the emergence of services and decent living conditions, and each neighbourhood can develop its own identity.
- There should be efficient transportation between neighbourhoods to ensure they are interconnected in a coherent network.

Prioritising the restoration of areas where people live will allow us to quickly create centres of relatively high-quality living conditions for those who decide to return to the city and who will restore it.

The city has developed an 'Immediate Response Strategy' with a list of the first projects to be implemented once the city is de-occupied. We consider this to be a high-quality plan that supports the vision set out in this project and follows its guidance.

However, it is worth noting that, in the experience of many researchers who have worked on post-war planning, the link between short-term recovery and long-term strategy has often been underestimated, leading to significant resource overruns and poorer results than could have been achieved within the same budgets.

So, a mandatory next step in the recovery process should be to harmonise urban and architectural approaches, decision-making processes, and especially coordination mechanisms to achieve synergy between tactical and strategic actions.

Мережа мікрорайонів та селищ
Network of neighbourhoods and villages

3.2 Співпраця та участь

Місто не буде відновлено, поки не об'єднається громада.

Для цього на рівні сусідства має функціонувати найнижча ланка місцевого самоврядування, тобто мають бути інституціалізовані партисипативні процедури залучення мешканців, інформування та прийняття спільних рішень.

Основними функціями цієї ланки мають бути організація взаємодії з місцевими мешканцями, бізнесом та ГО, спільна розробка стратегій для вирішення проблем та розвитку сусідства, розподіл частки міських бюджетів на відновлення сусідства (вибір пріоритетів за низовими структурами, закупівля та виконання — за міською владою, а приймаються роботи спільно).

В управління цими структурами має бути включено актив відповідного сусідства шляхом м'якої форми виборів чи громадських зборів.

Ми віримо, що такі низові структури значно покращать якість життя і залученість мешканців. Ми пропонуємо, щоб базою для функціонування таких структур були офіси розвитку, які мають бути обов'язково створені в кожному сусідстві.

Офіс розвитку сусідства — мережа міських центрів, місце підтримки зв'язків всередині громади, подібне на центри «Я.Маріуполь», мережу яких розгорнуто в країні, але також сфокусоване на відбудові та організації життя в своєму сусідстві. У центрах відбуваються зустрічі мешканців стосовно питань розвитку району, проводяться виставки, фестивалі району, надається добросусідська допомога. Також офіси розвитку сусідства є базою для залучення мешканців під час організації архітектурних та містопланувальних конкурсів, в яких команди з молодих та досвідчених, іноземних та українських архітекторів не просто шукають найкращі ідеї для вирішення проблем сусідства, а насамперед реалізують діалог мешканців сусідства про те, як вони хочуть жити.

Офіс розвитку — серце сусідства.

Cooperation and participation

The reunification of the community will be the catalyst for the city's restoration.

This means that the lowest level of local self-government should function at the neighbourhood level. Participatory procedures for involving residents, informing them, and making joint decisions should be institutionalised.

The main functions of this link should be to organise interaction with local residents, businesses, and NGOs, jointly develop strategies for solving problems and developing the neighbourhood, and distribute a share of city budgets for neighbourhood restoration (priorities will be set by grassroots structures, procurement and implementation will be by the city authorities, and work is to be accepted jointly).

The management of these structures should involve the assets of the respective neighbourhood through a soft form of elections or public meetings.

We believe that such grassroots structures will significantly improve the quality of life and engagement of residents. We propose that the basis for the functioning of such structures should be development offices, which should be established in every neighbourhood.

The Neighbourhood Development Centre is a network of city centres, a place to support community relations, similar to the Ya.Mariupol centres that are being deployed across the country, but also focused on rebuilding and organising life in each particular neighbourhood. The centres will host meetings of residents on neighbourhood development issues, organise exhibitions and neighbourhood festivals, and provide neighbourly assistance. Neighbourhood development offices will also serve as a base for engaging returning and new residents in organising architectural and urban-planning competitions, where teams of achitects – both young and experienced and foreign and Ukrainian – will not only look for the best ideas to solve neighbourhood problems but also implement a dialogue between neighbourhood residents on their aspirations.

The Neighbourhood Development Centre is the heart of the neighbourhood.

Центр *ЯМаріуполь* Львів | *YaMariupol* Centre, Lviv
Фото: Маріупольська міська рада | Photo: Mariupol City Council

ЗАВДАННЯ ДЛЯ МІСЦЕВОЇ ВЛАДИ

 tasks for local authorities

У межах українського законодавства найнижча ланка місцевого самоврядування реалізується двома шляхами — як районні ради або як органи самоорганізації населення (ОСН).

Ключовою відмінністю двох форм є необхідність нового більш дрібного районування для створення районних рад та можливість проведення виборів у них тільки після війни.

Враховуючи термінову необхідність залучення мешканців, потрібно використовувати модель ОСН як більш гнучкий інструмент, у перспективі розглядаючи більш глибоку інституціалізацію.

Within the framework of Ukrainian legislation, the lowest level of local self-government is realised in two ways — as *rayon* (district) councils or as bodies of self-organisation of the population (SOBs).

The key difference between the two forms is the need for a new, more partitioned zoning system to create district councils and the possibility of holding elections in them only after the war.

Given the urgent need to engage residents, the CBO model should be used as a more flexible tool, with a view to deeper institutionalisation in the future.

3.3 Безпека

Головна потреба мешканців Маріуполя на десятки років вперед – безпека, і це висуває окремі вимоги до планування і забудови міста.

Ключовим питанням планування є щільність. З одного боку, забудова високої щільності дозволяє здешевити прокладання підземних комунікацій та зменшити площу, яку має захищати ППО, з іншого – малоповерхова забудова ускладнює комплексну оборону території, проте вона менш вразлива до обвалу і має високий потенціал для виробництва відновлюваної енергії, що також допомагає забезпечити стійкість до природних загроз.

Забудова середньої щільності на кшталт забудови радянських часів є найбільш ризикованим підходом, оскільки ускладнює обидві стратегії оборони.

Як у районах нової забудови, так і при реконструкції кварталів, що збереглись, ми рекомендуємо взяти за основу концепцію низько-середньої щільності з окремою увагою щодо малоповерхової забудови.

Вимоги до планування передбачають:

- особливу увагу до розташування стратегічних об'єктів, оскільки вони несуть найбільшу небезпеку сусіднім територіям;
- децентралізацію бомбосховищ, центрів підтримки та екстреної допомоги, які можуть у мирний час виконувати спортивну, культурну або іншу громадську функцію;
- створення мережевих структур постачання енергоносіїв (розумних мереж) замість деревоподібних, що підвищує їхню стійкість.

Security

The city's concern for residents' security must be considered when making planning decisions as this will be a key concern in, and potential impediment to, repopulation.

One key planning issue is density. On the one hand, high-density development makes laying underground utilities less costly and reduces the area to be protected by air defence; on the other, low-rise buildings are difficult to comprehensively defend due to their larger footprint but are less vulnerable to collapse and have a higher potential for decentralised production of renewable energy, which also helps ensure resilience to natural threats.

Medium-density development similar to that of the Soviet era is the most risky approach, as it complicates both defense strategies.

In both new development areas and reconstruction of existing neighbourhoods, we recommend that the concept of low to medium density be used as a basis, with a special focus on low-rise buildings due to concerns relating to evacuation.

Planning requirements include:

- special attention to the location of strategic facilities, as they pose the greatest threat to neighbouring areas;
- decentralisation of bomb shelters, support, and emergency assistance centres that can serve as sports, cultural, or other public functions in peacetime;
- creation of networked energy-supply structures (smart grids) instead of top-down structures, in order to increase the system's resilience.

Вимоги до нових і реконструйованих будівель передбачають:

- зменшення висоти нових будівель до максимум 6 поверхів для безпечної та швидкої евакуації;
- відмову від побудови нових панельних будинків за технологіями, що «складаються» при бомбардуваннях;
- наявність резервного живлення для ліфтів та евакуаційних знаків;
- обов'язкове влаштування при новому будівництві повноцінних укриттів, поєднаних з паркінгами та іншими громадськими функціями;
- розрахунок кількості місць в укритті за кількістю мешканців, яку помножено на коефіцієнт 1,5 (можливі відвідувачі);
- обладнання укриттів системою опалення, місцями для зберігання продуктів харчування та води, зонами для сидіння і сну, туалетами, інтернетом тощо.

Навчання громадян правилам безпеки має бути частиною освітніх практик, оскільки ігнорування правил та сигналів тривоги нівелює безпекові планувальні та будівельні рішення.

Requirements for new and reconstructed buildings include:

- reducing the height of new buildings to a maximum of 6 floors for safe and quick evacuation;
- a ban on constructing new panel houses using technologies that 'implode' during bombing;
- availability of backup power for elevators and evacuation signs;
- mandatory installation of proper shelters in new buildings, together with parking spaces and other public functions;
- the number of places to be provided in shelters is to be the number of residents multiplied by a factor of 1.5 (to provide for possible visitors);
- equipping the shelters with heating systems, food and water storage, seating and sleeping areas, toilets, internet, etc.

Educating citizens about safety rules and protocols should be part of educational practices since ignoring rules and alarms negates the effects of safe planning and construction decisions.

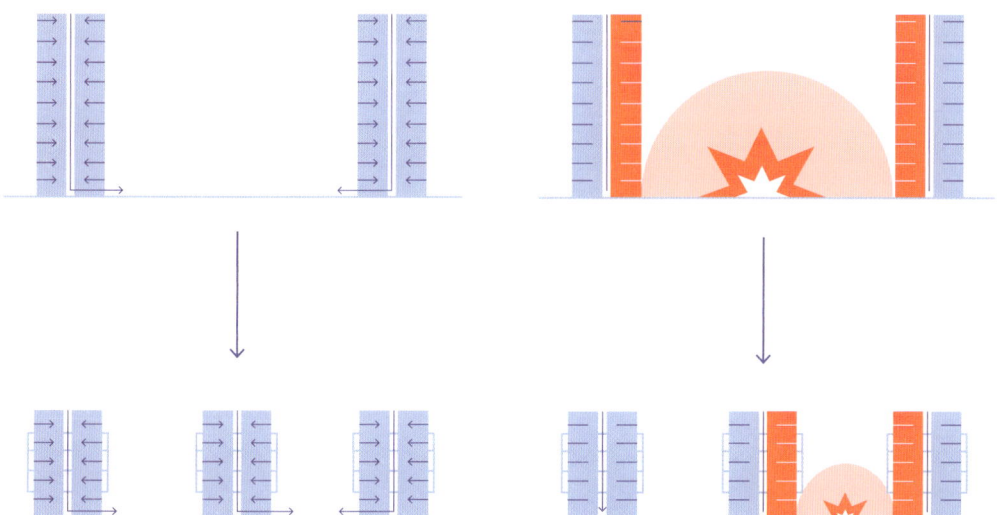

Комфорт та безпека.
Зменшення максимальної кількості поверхів новобудов до 6 поверхів

Comfort and safety.
Reducing the maximum number of floors in new buildings to six floors

3.4 Людський масштаб

Географічне положення Маріуполя не дозволяє всерйоз розглядати його як новий Мангеттен чи Сингапур. Але Маріуполь може стати комфортним і жвавим містом на морі, де міська тканина переплетена з природою, а мешканці мають доступ до всіх необхідних високоякісних послуг.

Людський масштаб у міському плануванні — це проєктування та розвиток міст і районів, які ставлять на перше місце потреби та досвід людей. Насамперед це означає підхід «нічого для нас без нас», тобто партисипативні процеси планування і залучення мешканців на самих ранніх етапах, щоб гарантувати врахування їхніх потреб.

Висотність до 6 поверхів, як того вимагає безпека, створює також і співмірний людині простір, де мешканці значно ближче до суспільного життя. Посилення ефекту від такої забудови заходами добросусідства зробить місто дружнім та відкритим до мешканців. Людський масштаб передбачає акцент на створенні активних та ергономічних вуличних ландшафтів, змішану забудову та інфраструктуру мобільності, яка надає перевагу пішохідному, велосипедному та громадському транспорту над автомобільним.

Головна цінність міста — море. Воно має бути не просто доступним, а стати частиною повсякденного життя містян. Це означає, що ми зосереджуємось на розбудові міста вздовж моря, ущільнюємо ці території та стимулюємо їхнє заселення. Людям подобається жити біля моря, відчувати його силу та простір.

Досвід зруйнованих міст світу говорить, що відновлення кількості населення до рівня моменту його руйнації триває щонайменше 10-15 років. Тому ми працюємо насамперед з заселеними територіями і використовуємо можливості наявної морфології міста, аби зв'язати між собою осередки щільності зеленою інфраструктурою та парками.

Публічні простори необхідні для гуртування сусідств та забезпечення комфорту середовища. У місті вистачить місця для скверів та парків, приватних та міських садів, площ та пішохідних вулиць. Це дозволить людям єднатись між собою та з природою.

Human scale

Mariupol's geographical location does not allow it to be seriously considered a new Manhattan or Singapore. However, Mariupol can become a comfortable and lively city by the sea, where the urban fabric is intertwined with nature and residents have access to all necessary high-quality services.

Human scale in urban planning is the design and development of cities and neighbourhoods that put people's needs and experiences first. First and foremost, this means a 'nothing for us without us' approach, i.e. participatory planning and involvement of residents at the earliest stages to ensure that their needs are taken into account.

A maximum building height of six floors, as required for safety, also creates a human-scaled space where residents are much closer to public life. Enhancing the effect of such development with neighbourhood activities will make the city friendly and open to residents. The human scale implies an emphasis on creating active and ergonomic streetscapes, mixed-use development, and mobility infrastructure that prioritises pedestrian, bicycle, and public transportation over automobile use.

The preeminent sensory attractor for the population is the sea. The sea should be not only accessible but also integrated into everyday life. This means that we should focus on developing the city along the sea, densifying these areas and encouraging their settlement. The appeal of the sea is universal: people are attracted by its power, its space, and its sense of peace.

The experience of destroyed cities around the world shows that it takes at least 10-15 years to restore a city's population to its level at the moment when the city was destroyed. That is why we should work primarily with populated areas and use the possibilities of the existing urban morphology to connect density centres with green infrastructure and parks.

Public spaces are necessary to bring neighbourhoods together and ensure a comfortable environment. There is enough space in the city for squares and parks, private and city gardens, squares and pedestrian streets. This will allow people to connect with each other and with nature.

Таким чином, у рамках відбудови сусідств ми керуємося наступними орієнтирами:

- Нічого для мешканців без мешканців.
- Нова забудова не вище 6 поверхів.
- Дбайливий підхід до існуючої забудови — по можливості зберігаємо її та доповнюємо згідно з новими уявленнями про комфорт, безпеку та сталість.
- Району не обов'язково бути історичним, аби мати співмірний людині масштаб та квартальну забудову.
- Чітке розділення між публічним простором (вулиці, парки) і спільним (двори), відсутнє в мікрорайонах раніше.
- Забудова невеликими ділянками для досягнення різноманіття типологій забудови.
- Орієнтація на змішану забудову для забезпечення якісного життєвого середовища та сервісів у межах 15-хвилинної доступності.

Розрахунок зростання міста з щільністю населення та забудови, враховуючи неушкоджені будівлі.

Thus, we reiterate the following benchmarks in rebuilding neighbourhoods:

- Nothing for residents without residents.
- New buildings not higher than six floors.
- A careful approach to existing buildings that preserves them where possible and supplements exiting structures through enhancements in comfort, safety, and sustainability.
- A neighbourhood does not have to be historical to have a human scale and city block typology.
- A clear separation between public space (streets, parks) and common space (courtyards); this kind of separation was previously absent.
- Development based on small plots to achieve a variety of building typologies.
- A focus on mixed development to ensure a high-quality living environment and services that are accessible within 15 minutes.

Calculating the growth of a city with population and building density, including intact buildings.

Різноманітність різних житлових та громадських функцій, у відповідності до розмірів ділянок

Diversity of various residential and public functions and of parcellation sizes

Чітке розподілення між приватною забудовою та зовнішнім публічним простором

Clear distinction between private and public outdoor space

3.5 Сусідство 15 хвилин

Радянські мікрорайони були сплановані навколо соціальної інфраструктури, обмежено включали послуги, від сучасних районів їх радикально відрізняє відсутність робочих місць та повноцінних публічних просторів. Ми пропонуємо створювати сусідства, в яких у пішій доступності є не тільки всі необхідні мешканцям об'єкти соціальної інфраструктури та послуги, а ще й робочі місця та публічні зелені простори — парки, бульвари в 5 хвилинах від кожного будинку.

Це зменшить необхідність використання автомобілів, скорочуватиме час, який містяни витрачають в дорозі, та розвиватиме комфортний громадський простір. Також для повноцінного функціонування кожного з сусідств передбачається створення:

- пішохідної та торговельної вулиці в центрі сусідства;
- ринкової зони;
- вузла мобільності, що забезпечує доступність інших сусідств;
- зеленого природного коридору, що забезпечує доступ до інфраструктури транзитної пішохідної та велосипедної мікромобільності.

Саме споглядання та участь в активностях у публічних просторах, таких як біг, поїздки на велосипеді, відпочинок, зустрічі та ігри, створюють у мешканців «відчуття міста».

Основним критерієм кожного прийнятого рішення щодо розвитку сусідства є стійкість. Це означає:

- активні перші поверхи з комерційною та громадською функцією;
- високу частку (до 40%) нежитлових приміщень — виробничих, офісних, громадських та комерційних;
- орієнтацію вуличної мережі на мікромобільність;
- щільність населення не менше ніж 150 осіб/га;
- створення соціального міксу мешканців з різними доходами — поєднання різних типологій забудови та форм власності й управління (приватне, соціальне, кооперативне житло).

15-minute neighbourhood

Soviet neighbourhoods were planned around social infrastructure and included limited and predictable services. They are radically different from modern neighbourhoods in that they lack jobs and fully fledged public spaces. We propose to create neighbourhoods that have not only all the social infrastructure and services that residents need within walking distance but also jobs and public green spaces – parks and boulevards within five minutes of each house.

This will reduce the need to use cars, reduce the time citizens spend on the road, and develop comfortable public spaces. Also, each of the neighbourhoods is to be created so as to ensure its full functioning:

- a pedestrian and shopping street in the centre of the neighbourhood;
- a market area;
- a mobility hub that provides accessibility to other neighbourhoods;
- a green natural corridor that provides access to pedestrian and bicycle micromobility transit infrastructure.

It is observing and participating in activities in public spaces, such as running, cycling, recreation, meetings, and games, that create a 'sense of the city' for residents.

Sustainability is the main criterion for every decision made on neighbourhood development. This means:

- active ground floors with commercial and public functions;
- a high proportion (up to 40%) of non-residential premises — industrial, office, public, and commercial;
- focusing the street network on micromobility;
- a population density of at least 150 people/ha;
- creating a social mix of residents with different levels of income — a combination of different typologies of development and forms of ownership and management (private, social, cooperative housing).

Залежно від потреб мешканців сусідств і їхніх пріоритетів створюють спортивні та ігрові майданчики, простори для спілкування та розвитку добросусідства, полі- та монофункціональні парки. Такі простори можуть використовуватись у різних сценаріях спільної дії: ярмарки, збори місцевого самоврядування, фестивалі добросусідства тощо.

Depending on the needs of neighbourhood residents, sports and playgrounds, spaces for communication and neighbourhood development, poly- and mono-functional parks are created. Such spaces can be used in various scenarios of joint action: fairs, local government meetings, neighbourhood festivals, etc.

Частина профілю вулиці
Section of a street profile

Людмила, Фінляндія, 75
Lyudmila, Finland, 75

Я жила одна у трикімнатній квартирі, у мене була всіляка побутова техніка та інші речі для комфорту. Тішилася радикальному оновленню, що відбувалося в міській інфраструктурі. Маріуполь став по-справжньому доглянутим та красивим. Гуляти, ходити на базар, у магазини було суцільне задоволення.

У вторгнення я не вірила.

Числа 10 чи 11 березня минулого року я приготувалася вмирати. У квартирі були всі шибки вибиті, 10-градусний мороз, вітер, вода в баклажках замерзла — не поп'єш. Гуркіт обстрілів не припинявся ні на мить. Найжахливіше — гуркіт літаків. І після нього — моторошні вибухи! Я лежала на ліжку, закутана у все, у що можна, і благала всесвіт, щоб у мене потрапило прямим влучанням. У такому, майже непритомному, стані сусіди стягнули мене в технічний підвал будинку: висота — 1,1 м, шар бруду — 0,2 м.

Найжахливішим був абсолютний інформаційний вакуум.

Ми вибралися з міста 23 березня. Уранці прийшли до нашого люка двоє військових, сказали, щоб усі виходили з документами та речами та йшли до селища Виноградне, звідки буде евакуація на автобусах. Усі пішли, а в мене астма, і я вже два тижні була без ліків. Іти я не могла. Подвір'я, околиці — тотальне руйнування, мій балкон наполовину провис, у квартирі перекотиполе: усе переламане і перемішане... Сіла в під'їзді на сходинку, а в голові порожнеча. Хай буде що буде, думаю. Але виявилося, що не всі пішли з будинку. Сім'я в сусідньому під'їзді вирішила, що врятується у своєму особистому підвалі під квартирою. Діма, так звали главу сім'ї, вийшов на дорогу, де безперервним потоком ішли автівки біженців, прямуючи до виїзду з міста на Новоазовськ. Насилу йому вдалося загальмувати старенький легковик, і він мене буквально увіпхнув на заднє сидіння. Так, буквально в позі ембріона, напівлежачи на колінах людей, що сидять, я і виїхала з Маріуполя. Це було диво.

Тут я обов'язково маю сказати, що подальший мій шлях до порятунку почало і спрямовувало чудове товариство: за 21 рік існування в Маріуполі регіональної газети, а потім і журналу для підлітків «Привет, ребята!», де я була шеф-редакторкою, утворилася чудова плеяда професіоналів найвищого рівня, і не лише журналістики. Мої хлопці та дівчата об'єдналися в телеграмі у групу Save Kasatkina і почали шукати шляхи, як вивезти мене з Росії за кордон. Це теж було непросто, але зрештою я опинилася у Фінляндії, у милому і красивому містечку Коккола на березі Ботнічної затоки Балтії.

I lived comfortably on my own in a three-room apartment. I owned every appliance and item imaginable to make life easy. Mariupol was radically renewed before my very eyes, infrastructure-wise. It was a well-groomed and beautiful city; for me it was sheer pleasure to take a stroll outside or even just make a trip to the shop.

And I didn't believe there'd be an invasion.

Last year, around the 10th or 11th of March, I prepared myself to die. All the windows in my apartment were shattered, it was freezing cold, the wind was howling. I still had some bottled water left, but it was frozen, so I had nothing to drink.

The shelling was deafening and didn't stop for a moment. The roar of airplanes was the worst. It was followed by terrifying explosions. I lay on my bed, wrapped in every piece of warm clothing and every blanket I had, and begged for a painless death. I was almost unconscious when my neighbours took me down to the building's technical basement with barely any room to stand up in and a thick layer of dirt on the floor.

The most terrible thing was the total lack of information.

We escaped the city on 23 March. In the morning, two soldiers approached the basement hatch and ordered everyone to come out, carrying their documents and belongings. They said they'd walk us to the village of Vinohradne, where evacuation buses were waiting. Everyone complied, but I have asthma and I had had no access to my meds for two weeks. So I couldn't walk. By then, the front yard and the entire surroundings of our house lay destroyed; my balcony had collapsed, and my apartment was in disarray: everything was broken and covered in debris. I sat down on the steps in the stairwell. My mind was empty. I thought it was the end.

But it turned out that not everyone had left the building. There was a family who had a personal basement under their ground-floor apartment. Dima, the husband, found me, and stopped a car. There was a constant stream of cars with refugees headed towards Novoazovsk passing by our house. And he literally shoved me inside, though it was a small old car with all the seats taken. It was a miracle. I was tightly packed among strangers, curled up like an embryo, but I got out of Mariupol alive.

Умови проживання тут гарні — окрема однокімнатна квартира з усім потрібним у центрі міста, уважна допомога регіонального відділення «Червоного Хреста». Дуже виснажила довга темна зима, хоча, усупереч очікуванням, не занадто холодна. Снігу — гори, і він лежить майже чотири місяці.

У Фінляндії чудова вода — з крана тече. Із бойлерної води можна заварювати чай, посуд тут не витираю — жодних плям немає, у чайнику за рік стінки наче новесенькі. Яка вода у нас в Маріуполі, думаю, розповідати не треба. Друга перевага — повітря: чисте, соснові-морське. Третій козир — довгий літній день; тут не спекотно і немає алергенних рослин на кшталт амброзії, через цвітіння якої в Маріуполі в мене щороку випадали з життя серпень і вересень. З поганого тут украй повільна медицина, відсутність низки ліків, що призначаються в Україні, і ціни в аптеках захмарні навіть на найпростіші препарати. Погано, що немає в Кокколі сільськогосподарського ринку, всі овочі та інші продукти лише в супермаркетах. А останніх тут стільки та вони такі величезні, що цілком вистачило б на весь Маріуполь! Загалом Коккола, де 47 тисяч мешканців, прийняла 800 біженців з України, із них 20 — із Маріуполя.

А Маріуполь майбутнього має стати схожим на американський Пітсбург, щоб у прозорій воді Кальміуса плескалася форель!

I then had to be rescued from Russia. My escape was coordinated by a group of remarkable individuals who were once my students, back when we worked together on a regional newspaper called 'Privet, Rebyata'. The paper was made by young adults for young adults, and I was the not-so-young editor-in-chief. My boys and girls created a Telegram group named 'Save Kasatkina' and looked for ways to help me get out of Russia. It was not easy, but eventually, thanks to them, I ended up in Finland, in the lovely town of Kokkola on the shore of the Gulf of Bothnia. Now I live comfortably in a one-room apartment in the town centre, and the kind people from the regional Red Cross branch keep an eye on me. I found the long dark Finnish winter quite exhausting, but it wasn't as cold as I'd imagined. But I was shocked to see these mountains of snow that didn't melt for months.

Finland has amazing drinking water that flows from the tap. I never wipe my dishes after washing, and they remain spotless. The kettle has no limescale. Mariupol had a problem with the quality of both its drinking water and its air. The air in Finland is crystal clear and fragrant, with notes of pine and sea breeze. Another advantage here is the long summer days that aren't too hot and filled with allergens that deprived me of normal life in August and September. I'm not too happy with the extremely slow healthcare here, or the sky-high prices in pharmacies even for the over-the-counter stuff. And I miss farmers' markets. You can only buy vegetables at supermarkets here, but this little town has more supermarkets than huge Mariupol did. Kokkola only has 47,000 residents, and it took in 800 refugees from Ukraine. Only 20 of them are from Mariupol.

Future Mariupol should be like Pittsburgh. I want to see trout frolicking in the crystal clear waters of our Kalmius river!

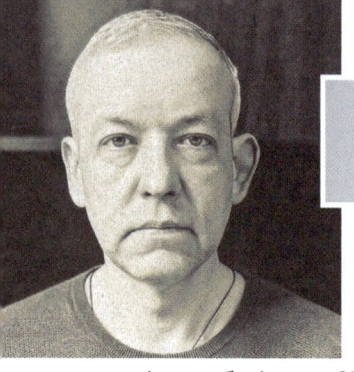

Дмитро, Івано-Франківськ, 47
Dmitro, Ivano-Frankivsk, 47

Я народився в Маріуполі, закінчив 8 класів, потім вступив до індустріального технікуму за фахом «електромонтер із ремонту промислових та цивільних будівель». 95-го року пішов працювати на «Азовсталь». Працював на заводі до 24 лютого 2022 року.

Маріуполь мені подобався. Непокоїв рівень забрудненості, але — або заводи, або чисте повітря. У 2015-му році почали будувати парки та сквери, відкривати торгові центри. За останні 7–8 років місто розквітло. А як могло й далі розквітати! Плани були грандіозні. Я був задоволений життям. Нині я в Івано-Франківську, тут добрі люди, але це з Маріуполем незрівнянно.

24-го числа в мене була зміна вранці. Я виходив, як завжди, о десятій хвилині на шосту, любив раніше приїхати. На зупинці стояв, коли були перші прильоти. На роботу приїжджаю, а напарникові телефонує дружина та й каже: «Війна почалася». Я почав читати новини, дізнався, що Росія обстрілює наші території, на Харків напали, колони йдуть з усіх напрямків... І я усвідомив, що так, почалася війна. Нам повідомили, що цех зупиняється. Мені сказали почергувати до 7-ї вечора. Доїхав додому останніми автобусами й більше на роботу не виходив.

Я мав ілюзії щодо повномасштабного вторгнення: думав, полякають і перестануть.

2 березня вимкнули світло, а 5 березня — газ. 9 березня подружка до доньки прийшла, їх евакуювали до гуртожитку на Апатова. І дружина каже, мовляв, треба дитину додому проводити. Ми разом із донькою провели її до гуртожитку, віддали мамі, а коли поверталися — почули свист авіабомб. Я доньку притиснув до себе і сховався в кутку будинку. Першу бомбу скинули — вона так вибухнула, що дочка почала просити якнайшвидше повертатися додому. Доходимо до Нахімова — і знову свист. Закричав доньці, щоб упала на землю та прикрила голову. Спалах був, потім звук страшний. Це якраз на університет скинули бомбу. Земля на нас сипалася, але, слава Богу, що не осколки та каміння.

І тиша зловісна: ні птахів, нічого не чути. Дійшли додому, а там шибки вибиті. Дружина вибігла перелякана. Вони з мамою до вибуху сиділи на кухні, пішли ховатися в коридорі біля опорних стін. Після другого вибуху повилітали вікна, петлі на дверях...

Ми з сусідами вирішили піти до підвалу другого під'їзду. Взяли із собою потрібне та їжу. Переїхали до підвалу, там вогко, темно, місця мало... Готували на багатті. Тільки багаття розводили — люди з сусідніх будинків прибігали з чайниками. Люди шукали, де взяти дрова, а біля нашого будинку були будівельні риштування. Вони нас рятували. Молоді пацани там мало не до четвертого поверху лазили за цими риштуваннями, скидали палети.

I have a degree in electrical repairs to industrial and civil buildings and had been working at the Azovstal plant from 1995 until 24 February 2022.

I liked Mariupol. The pollution was a problem, but we had to choose between having production plants or clean air. There were significant improvements over the past seven to eight years, and room for more. The plans were ambitious. Personally, I felt happy living there. Now I'm in Ivano-Frankivsk, and the people here are nice, but it's incomparable to Mariupol.

On the 24th, I left home at ten past five, as usual, since I fancied getting to work a bit early. I was waiting at the bus stop when the first airstrikes began. My morning shift partner told me the war had started. I checked the news. Russia had already attacked Kharkiv; columns of armoured vehicles were coming from all directions. We were informed that the plant was shutting down. They asked me to stay on duty until 7 pm. Then I got home on the last bus. That was the last time I went to work at the factory.

I had illusions about the invasion. I thought they would back down and stop.

On 2 March the electricity went out, and on 5 March so did the gas. On 9 March my daughter's friend came to visit her. Her family were evacuated to a dormitory on Apatova Street. My wife told me to walk the girl home. Together with my daughter, we walked her to the dormitory, handed her over to her mother, and on our way back we heard a whistling sound in the air. I hid in the corner of a building and held my daughter close. The first explosion was so loud that she begged me to take her home quicker. We had reached Nakhimova Street when we heard the second whistling sound. I shouted to my daughter to fall to the ground and cover her head. There was a flash, then a terrible noise. That's when they bombed the university. Clumps of dirt came raining down on us, but at least it wasn't heavy debris or shrapnel.

We arrived home, and the building had no windows left. My wife and my mom hid in the hallway near the load-bearing wall. The second explosion shattered our windows completely and caused the door hinges to come off.

We moved into the basement next door. It was damp, dark, and stuffy down there. We made bonfires to cook. Everyone had a hard time finding wood to burn, but we were lucky: there was construction scaffolding near our house. Some young guys climbed up to the fourth floor and took the pallets apart.

За водою ми ходили під свист ракет. Черга тяглася від міськводоканалу до проспекту Металургів. Було дуже холодно. Стояли по 4 години, а довкола гримить. Машина воду привезла та поїхала заправлятися, а люди й далі стояли.

Спочатку були чутки, що можна вибратися автобусами від Драмтеатру. Але коли ми приходили, нам казали, що немає «зеленого коридору». Наприкінці березня автобуси почали ходити від міської лікарні, і люди з нашого підвалу поїхали. У кого не було машин — тих ми проводжали до автобусів. Ходили далеко проспектом Металургів, до заводу Ілліча. На Металургів неможливо було йти самою дорогою, бо на ній лежали шматки бетону, уривки ліній електропередач, тролейбусних ліній, шматки заліза, дерев. У всій красі ми побачили ступінь руйнувань: вирви від бомб, знесені стіни будинків... Там, де був завод Ілліча, взагалі одні руїни.

30-го числа проводили сусідку, а 1-го я, дружина, дочка, мати та сусіди теж пішли до автобуса.

У Володарську був російський фільтраційний табір. У чоловіків забрали телефони, роздягали, дивилися, чи є татуювання. На блокпостах були зовсім скажені росіяни, перетрусили всі сумки. Добре, що жінок не чіпали. На останньому блокпосту були днрівці з бляхами радянськими на ременях. Вони почали говорити, що Маріуполь зруйнували через те, що вісім років бомбили Донбас. Це було як у фільмі жахів. А на нашому українському блокпості підійшов військовий і запитав: «Як ви там?». Жінки наші плакали, не могли повірити, що ми дісталися. Бог у чоло поцілував.

На в'їзді до Запоріжжя нас поліція супроводила в центр. Там позаписували наші дані та поселили в садок. У садку ми повечеряли. Там був бойлер, який відключали о 22:00, але дехто навіть встиг помитися. Другого дня ми сіли на поїзд до Львова, зі Львова дісталися до Івано-Франківська.

Я готовий повернутися до Маріуполя. Якщо буде робота, буде де жити, то готовий. Треба буде відбудовувати — відбудовуватимемо. Але потрібно створювати нові робочі місця, наприклад, будувати технопарки. Маріуполь — це курорт із середини травня до вересня, а нормальна робота має бути цілий рік; потрібна нова концепція міста. Хотілося б більше зелених зон, парків, скверів та дитячих майданчиків. І щоб були нормальні дороги та широкі тротуари. Можливо, було б добре побудувати екологічно чистий завод із переробленням сміття, нове захоронення твердих відходів. Ще я будував би будинки низької поверховості.

The water truck brought water when debris was flying in the air. The queue for water would stretch to Prospekt Metallurgiv. Despite the freezing cold, we'd stand there for hours while the city was being bombed to pieces around us. The water truck would eventually run out and leave for a refill, and people would stay there waiting for it to return.

By the end of March, buses started running from the city hospital, and neighbours with whom we shared the basement started to leave. If somebody didn't have a car, we walked them to the meeting point. We'd take a parallel street to walk in the direction taken by Metallurgiv Avenue. Metallurgiv itself was impassable because it was covered with debris: crumbled concrete, broken power lines, trolleybus lines, and crushed trees. We saw the extent of the destruction in all its glory: bomb craters, collapsed buildings.

On the 1st we finally got on a bus: me, my wife, my daughter, my mother, and some other neighbours. In Volodarsk there was a Russian 'filtration' camp. They made the men strip naked because they were looking for tattoos. Our phones were inspected. At the checkpoints beyond that, the Russians went absolutely ballistic. They shook out the contents of every bag. Fortunately, they didn't touch our women. At the last checkpoint we saw DNR fighters wearing ancient belts with Soviet army insignia. They said Mariupol was destroyed as payback for Ukraine bombing Donbass. At the first Ukrainian checkpoint, a soldier came up and simply asked how we were doing. Our women cried with relief. We made it. We felt kissed by God.

When we entered Zaporizhzhia, the police escorted us to the centre. We spent the night in a kindergarten. They gave us dinner there. And they had a water heater that worked till 10 pm, so some of us even managed to take a shower. The next day we took a train to Lviv, and from Lviv we went to Ivano-Frankivsk.

I am ready to return to Mariupol. If we must rebuild the city from scratch, then we will. But it's important to create new jobs there now that the plants are gone. Mariupol can be a resort from mid-May to September, but we need jobs that are available all year round. Maybe we need to build science parks. Personally, I'd like to see more green areas and children's playgrounds. And there should be decent roads and wide sidewalks. Maybe it would be smart to build an environmentally friendly waste recycling plant, and a new solid waste landfill. I would also build low-rise buildings instead of the old kind.

Сергій, Чернівці, 27
Serhiy, Chernivtsi, 27

Я народився в місті Горлівка Донецької області, закінчив там школу, потім вступив на перший курс у Луганський медичний університет. Провчився рік, потім почалися події 2014 року. Довелося навчання перервати, потім я перевівся з Луганського в Донецький медичний, який тоді вже переїхав в Краматорськ. У Маріуполі я вступив на інтернатуру.

До Маріуполя я приїхав через дружину: коли одружилися, то ми вирішили, що краще буде жити ближче до її батьків. Це чудове місто з розвиненою інфраструктурою, плюс те, що поруч є море, було дуже приємно. Узагалі мені подобалося все, що там було до повномасштабної війни. Мені подобався наш парк та міський пляж; ми часто із дружиною і дитиною гуляли у сквері Драмтеатру, площею Свободи.

Я сумнівався до останнього, чи буде повномасштабна війна. Жили собі і жили. Вірили, що ми в безпеці. А 24 лютого були шоковані, тим паче уже маючи досвід із минулих років. Так я став двічі переселенцем. У Маріуполі ніхто не вірив, що так усе станеться. Думали, що бої будуть десь на околицях, як у 14-му, а в центрі буде тихо, і все скоро закінчиться. Плюс я спочатку вважав, що це «показуха». Знаєте, військові помахають зброєю та й підуть собі. А воно виявилося зовсім не так.

Дружина з дитиною вирішила виїхати в село до родичів. Ну, думали, доведеться побути там два-три дні, дочекатися, поки все стане тихіше, а потім можна поїхати додому. І я залишився сам. Було дуже страшно.

Біля хлібозаводу жили батьки дружини, а ми орендували квартиру на Пентагоні. Спочатку все було добре. Коли дружина поїхала, я ще ходив на роботу в лікарню і чергував там. А потім, 2 березня, у хату до батьків дружини прилетів снаряд, і після цього ми були вже вимушені ховатися по підвалах.

Я пам'ятаю, як ходив містом, шукав їжу та воду. Як ми ховалися в підвалі, і туди прилетів снаряд. Я в цей час проходив під під'їздом, і мене засипало склом, битою арматурою і цеглою. Трохи там поранило, некритично, але неприємно було.

Люди об'єдналися і допомагали один одному. Коли вже не було ані світла, ані води і газу, то виходили на подвір'я і робили там їжу. І всі ділилися один з одним. Не було такого, що це моє, це ваше, це наше. Усі були згуртованими.

У нас перша спроба виїхати з Маріуполя була 8 березня. Біля Драмтеатру збиралася велика колона автівок. Усі чекали сигналу на відкриття «зеленого коридору», щоб виїхати, а коли дозволу не дали, дехто намагався самостійно втекти. І, наскільки я знаю, невдало.

I was born in Horlivka in Donetsk region, where I finished school. Afterwards, I enrolled in the first year at Luhansk Medical University and studied there for a year. Then 2014 happened. I had to interrupt my studies, then transferred to Donetsk Medical University, which had by then relocated to Kramatorsk. In Mariupol I started doing an internship.

My wife's parents live in Mariupol, so that's why we initially moved here. It's a wonderful city with well-developed infrastructure. I liked everything about it before the full-scale war. I liked our park and the city beach; we took family walks to the Drama Theatre and Freedom Square.

I doubted there'd be a full-scale war. We thought we were safe. So on 24 February we were shocked, especially after our previous experience. I became a displaced person for the second time. No one in Mariupol believed everything would turn out this way. We thought the fighting would be limited to the outskirts, like in 2014, and that it wouldn't last. Plus, I thought it was just a symbolic display of power. That they'd rattle their weapons and leave. That's not what happened.

I sent my wife and child to stay with our relatives in the village for safety. We thought it was just for a few days until it blew over, and then they could come home.

I stayed at our rented apartment in so-called Pentagon district. At first, it was okay. I still went to work at the hospital and took shifts there. But then, on 2 March the house where my wife's parents lived was shelled. After that, we all had to hide in the basements.

I remember walking around the city in search of food and water. And I remember how the building where we were hiding got hit. I was just passing by the entrance and got showered with broken glass and bricks. I was slightly injured, not critically, but it wasn't a pleasant experience.

People really helped each other out. When there was no light, water, or gas, we went out to the yard and cooked food together. We shared everything we had with one another. We were in the same boat.

Our first attempt to leave Mariupol was on 8 March. There was a convoy of cars gathering near the Drama Theatre. Everyone was waiting for a humanitarian corridor. But it was never provided. Some tried to leave town at their own risk. Most attempts were unsuccessful.

We got shelled near the Port-City mall while trying to leave the city. I remember the mall in flames. If you drive along the Zaporizhzhia highway, there are blocks

Ми й особисто переконалися, що втекти не вдасться, коли вже на виїзді з Маріуполя, біля «Порт-Сіті», потрапили під обстріл. Я добре все пам'ятаю. Пам'ятаю, як палав «Порт-Сіті». Там, якщо їхати по Запорізькому шосе, то на правій стороні дев'ятиповерхівки стоять. Вони палали, а довкола них усе розривалося. Ми розвернули автівки й повернулися в центр. Це була наша перша спроба. Друга спроба в нас була 14 березня. Теж ми зранку пішли на Драмтеатр, щоб там поспілкуватися з людьми, дізнатися, хто що знає з приводу евакуації. Ми кожен день ходили туди. Сказали, що евакуація має бути 14-го числа.

Дуже багато машин було. Виїжджали через двори, по селах. Знаєте, там є виїзд біля дев'ятої лікарні. Ну і ми десь добу з Маріуполя їхали до Бердянська. Там переночували в пансіонаті, і 15-го числа вирушили далі. І вже з Бердянська до Запоріжжя їхали також десь добу.

Тепер я в Чернівцях. Це дуже красиве місто. У центрі чудова австро-угорська архітектура, дуже багато бруківки. Її лають водії, але вона має гарний історичний вигляд.

Я зараз закінчую інтернатуру, а потім розпочнеться робота чи самостійна практика.

Щодо Маріуполя, то насамперед це місто має бути у складі України. І, звісно, у нього мають бути якісь перспективи відновлення.

Найважливіше — це мати гарантії безпеки в майбутньому, аби бути впевненими, що події в Маріуполі не стануться знов. По-друге, куди людям повертатись, якщо немає житла? Приїхав, припустимо, так стоїш на вокзалі... куди далі йти, якщо домівка знищена, знайомі або родичі роз'їхалися? Приїхати й там жити в готелі або орендувати житло — то ніяких грошей не вистачить. Тож у Маріуполі має бути відновлене житло для людей, які збираються повертатися. Потім потрібно відновити інфраструктуру: лікарні, школи, магазини.

Також, на мою думку, важливо врахувати сумний досвід минулих часів, і по місту треба встановити колодязі, аби в разі надзвичайної ситуації народ мав доступ до питної води. Коли на Кірова обстрілювали джерело, люди не могли через обстріли навіть набрати собі води. Ми топили сніг, але я знаю ситуацію, коли воду навіть із калюжі пили.

Суддячи з коментарів у Instagram, Telegram-каналах, складається таке враження, що багато людей хочуть повернутися.

of nine-storey buildings on the right. They were also in flames, and everything was exploding around them. We turned around and went back to the city centre. Our second attempt to leave was on 14 March. We went to the Drama Theatre again to exchange news with the people who gathered there. They said that the evacuation was supposed to happen on the 14th.

There were so many cars. We left through the city exit near the hospital. It took us about a day to get from Mariupol to Berdyansk. We spent the night in a guesthouse there, and on the 15th we drove from Berdyansk to Zaporizhzhia. The trip also took about a day.

Now I'm in Chernivtsi. It is a wonderful city with gorgeous Austro-Hungarian architecture and paved roads in the centre. Drivers curse the historical pavement, but it looks beautiful.

As for Mariupol, it should be part of Ukraine again. And of course, it has to be rebuilt. The most important thing is to have security guarantees for the future. We need to know these events will not happen again. Plus, there needs to be housing for everyone, because people who want to return can't live in hotels or rented apartments for too long. The infrastructure should also be restored: the hospitals, the schools, the shops.

We need to learn from past mistakes and make sure the city has public wells everywhere. I remember the Russians shelling the only water source on Kirova Street and people having no access to drinking water. We melted snow, but I know people who collected water from dirty puddles.

Judging by the comments on Instagram and in Telegram channels, many people want to return, no matter what.

4 ФУНДАМЕНТ
FOUNDATIONS

ФУНДАМЕНТ | FOUNDATIONS

4.1 Ключові виклики міста | Key challenges facing the city

4.2 Зцілити травму | Heal the trauma

4.3 Нова роль Маріуполя: транзит | Mariupol's new role: transport hub

4.4 Порт | Port

4.5 Екологічна спадщина | Environmental heritage

4.6 Природа | Nature

4.7 Мобільність | Mobility

4.8 Вода та енергія | Water and energy

4.9 Військові бази | Military bases

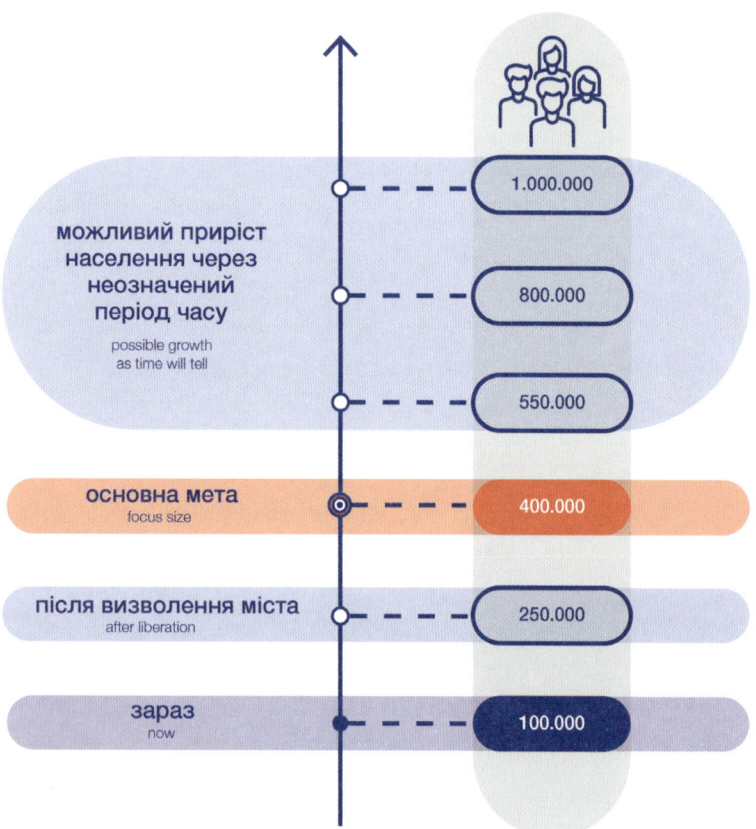

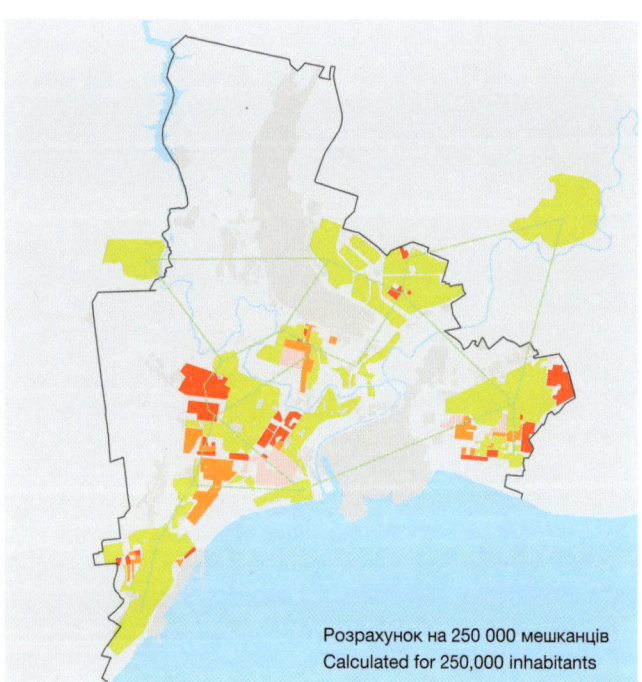

Розрахунок на 250 000 мешканців
Calculated for 250,000 inhabitants

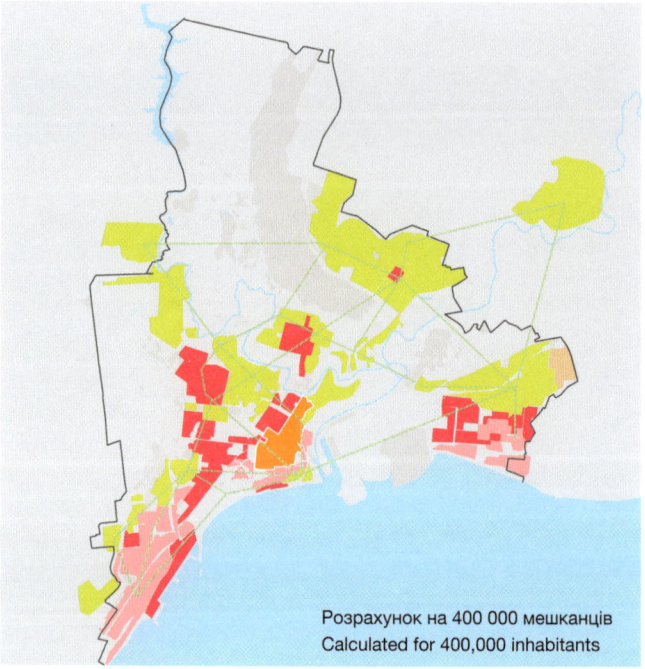

Розрахунок на 400 000 мешканців
Calculated for 400,000 inhabitants

4.1 Ключові виклики міста

Повернення мешканців

Час, необхідний для повернення мешканців до міста, зруйнованого війною або стихійним лихом, може сильно відрізнятися, зокрема залежно від масштабу руйнувань, наявності ресурсів для відновлення, політичної та соціальної стабільності в регіоні, а також готовності людей повертатися. Населення Хіросіми відновилось до рівня на момент руйнування за 15 років, Варшави — за 30, населення Ґюмрі не відновилось досі.

Ми обрали цільовий розмір міста в 400 тисяч людей. Проте місто залишиться комфортним, і якщо в ньому буде проживати 250 тисяч людей. З часом воно може вирости значно більше 400 тисяч мешканців, і цим проєктом ми окреслюємо можливі вектори розвитку.

Спадщина забруднення (шлаки та ґрунти, екологічна ситуація навколо ММК ім. Ілліча)

Важливим викликом є приведення території до нормативних показників екологічного стану. Адже ще до початку повномасштабного вторгнення екологічна ситуація в деяких районах міста була вкрай небезпечною. Насамперед це стосується житлових районів біля комбінату ім. Ілліча,

Key challenges facing the city

Return of residents

The time it takes for residents to return to a city destroyed by war or natural disaster can vary greatly, depending in part on the extent of the damage, the availability of reconstruction resources, political and social stability in the region, and the willingness of people to return. The population of Hiroshima recovered to its pre-destruction level in 15 years, Warsaw in 30 years, and Gyumri's population has not recovered to this day.

We have chosen a target city size of 400 thousand people. However, the city will remain comfortable even if 250 thousand people live there. Over time, it can grow to well over 400 thousand residents, and with this project we outline possible development vectors.

Legacy of pollution (slag and soil, environmental situation around Ilyich Iron and Steel Works)

An important challenge is to bring the territory up to environmental standards. Even before the full-scale invasion, the environmental situation in some areas of the city was extremely dangerous. This primarily concerns residential areas near the Ilyich Iron and Steel Works. The safety of long-term residents here needs to be assessed; a

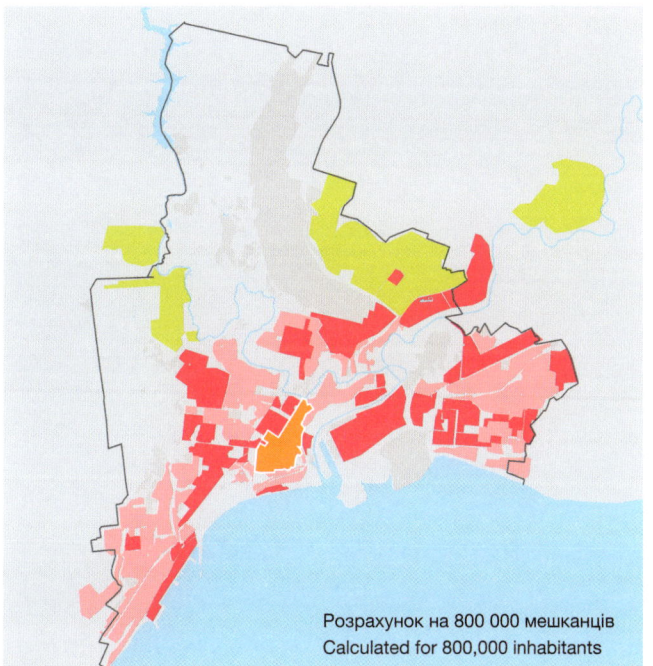

Розрахунок на 800 000 мешканців
Calculated for 800,000 inhabitants

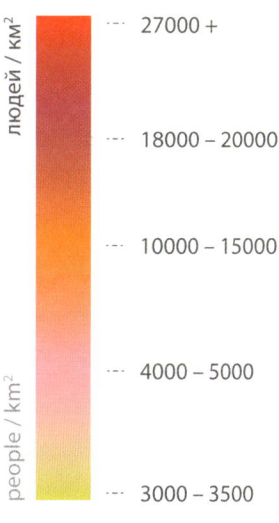

щодо яких має бути проведено оцінку безпеки довгострокового перебування на цих територіях та розроблено проєкт релокації мешканців для забезпечення ефективної буферної зони довкола заводу та ремедіації ґрунтів.

Зцілити травму (пам'ять)

Важливим викликом є зцілення травми та комеморація трагічних подій, що відбулись у Маріуполі. Колективна травма є однією з ключових перешкод для повернення маріупольців у місто. Мають бути створені інструменти, що дозволять мешканцям, які повертаються, інтегрувати та пережити трагічний досвід, долучитись до меморіалізації трагічних подій у просторі міста. Процес створення місць пам'яті (пам'ятників, музеїв, меморіальних табличок тощо) має бути прозорим та партисипативним.

Робочі місця (структура економіки)

Кількість домогосподарств, які повернуться в Маріуполь, буде прямо корелювати з кількістю робочих місць, які вдасться організувати, та рівнем заробітної плати. Соціальна та міська інфраструктури, які є другим чинником повернення, також напряму залежать від податків на заробітну плату та малий бізнес, які є основним джерелом наповнення міського бюджету.

На державному рівні має бути розглянуте впровадження податкових стимулів та інших економічних диспропорцій для створення робочих місць. Буде необхідно забезпечити фінансування, навчання та ресурси, аби допомогти малому бізнесу знову відкритися та ефективно працювати, а також можливість отримати нові навички та кваліфікації людям, які втратили роботу внаслідок катастрофи.

Важливим інструментом у період після деокупації буде запуск програми зі створення робочих місць, таких як проєкти громадських робіт або схеми тимчасової та часткової зайнятості, щоб забезпечити тимчасовою роботою людей, які намагаються її знайти.

Нова роль Маріуполя в Україні

Відновлювальні процеси сходу України неминуче впливатимуть на Маріуполь. У рамках процесів реінтеграції та відбудови сходу України принципово змінюється стратегічна роль міста. Оскільки можна очікувати, що кордон і транзит вантажів з Росії будуть закриті на довгий період часу, Маріуполь стане опорним портом для всього сходу України включно з Донецьком, Луганськом і Харковом.

Під час відбудови Україні знадобиться більше імпортно-орієнтованих, ніж експортно-орієнтованих портових потужностей. Потужності України з перевалки контейнерів необхідно буде значно розширити та збалансувати, тому необхідним є будівництво нового сучасного контейнерного термінулу.

project should be launched to relocate residents to ensure an effective buffer zone around the plant and soil remediation.

Heal the trauma (memory)

An important challenge is to heal the trauma and commemorate the tragic events that took place in Mariupol. Collective trauma may keep people away from the city — creating tools to allow returning residents to re-integrate and relive their tragic experiences and to participate in the memorialisation. The process of creating places of memory (monuments, museums, memorial plaques, etc.) should be transparent and participatory.

Jobs (economic structure)

The number of households that will return to Mariupol will depend on job creation and residents' earning potential. Social and municipal infrastructure, which is the second factor in whether people return, also directly depends on payroll and small business taxes, which are the main source of revenue for the city budget.

At the state level, consideration should be given to introducing tax incentives and other economic incentives to create jobs. Funding, training, and resources will need to be provided to help small businesses reopen and operate efficiently. There should also be opportunities for people who lost their jobs as a result of the disaster to acquire new skills and qualifications.

An important tool in the post-occupation period will be the launch of a job-creation programme, such as public works projects or temporary and part-time employment schemes, to provide temporary work for people who are unemployed.

Mariupol's new role in Ukraine

Mariupol should play an essential role in the recovery processes in eastern Ukraine. The city's strategic role is fundamentally changing as part of the reintegration and reconstruction of eastern Ukraine. As the border and transit of goods from Russia can be expected to be closed for a long period of time, Mariupol will become a hub port for the entire east of Ukraine, including Donetsk, Luhansk, and Kharkiv.

Ukraine will need more import-oriented, as opposed to export-oriented, port capacity during reconstruction, The port's container-handling capacity will need to be significantly expanded and rebalanced, and a new modern container terminal will be needed.

Покинуті квартири та будинки

Серйозним викликом до відбудови є питання права власності покинутих вцілілих квартир та будинків, особливо у випадках, коли для прийняття рішення щодо напіввцілого багатоквартирного будинку потрібне волевиявлення визначеної кількості мешканців. Це питання має бути врегульоване на рівні національної влади.

Визначення пріоритезів відновлення

Важливим питанням є пріоритезація відновлення, адже обмеженими будуть не тільки фінансові, а насамперед організаційні ресурси. Руйнування в місті нерівномірні, і виглядає доцільним першочергово відновлювати інфраструктуру та створювати гідні умови для проживання в найменш пошкоджених районах з уцілілими житловими будинками та об'єктами інфраструктури, такими як дитячі садки, школи. У цьому контексті відкритим є питання тимчасового чи постійного переселення людей з більш віддалених та більш зруйнованих районів.

Для збереження соціальної тканини міста у випадках, коли планами не передбачається відмова від розвитку окремих сусідств, повернення в них людей, які в них попередньо проживали, має бути пріоритетом.

Окремої уваги заслуговують проєкти будівництва, реалізовані окупаційною владою: хоча емоційно громада буде тяжіти до знесення цих будинків, на час відновлення міста їх можна використати як «револьверний фонд», тобто житло для тимчасового проживання мешканців під час відновлення їхнього житла.

Інтеграція промислових зон у тканину міста

Для міст, що виходять до моря, ключовими перевагами для розвитку туристичного потенціалу є безперешкодний доступ до берегової лінії та розвинена рекреаційна інфраструктура. Наразі у зв'язку з розташованими прямо на пляжі залізничними коліями, які йдуть до маріупольського порту, і самим портом, який займає 3,5 км берегової лінії, цей доступ є суттєво ускладненим та блокує розвиток цілої галузі економіки.

Окремим викликом для міста є зміна функції території МК «Азовсталь». Будівлі «Азовсталі» належать заводу, проте земля під зруйнованим заводом належить місту, і виглядає доречним переосмислити цю територію та надати їй нових сенсів та функцій для покращення зв'язності міста. У той самий час повноцінний проєкт переосмислення території «Азовсталі» буде важко реалізувати без синергії власника, міста та міської громади.

Abandoned apartments and houses

A serious challenge to reconstruction is the issue of ownership of surviving abandoned apartments and houses, especially in cases where a decision on a semi-surviving apartment building requires the residents' say. This should be regulated at the national level.

Prioritize recovery efforts

Prioritising reconstruction is important, as not only financial but also organisational resources will be limited. The destruction in the city is uneven, and it seems reasonable to prioritise restoring infrastructure and creating decent living conditions in the least damaged areas, where there are surviving residential buildings and infrastructure, such as kindergartens and schools. In this context, the question of temporary or permanent relocation of people from more remote and more damaged areas remains open.

In order to preserve the city's social fabric, in cases where the plans do not provide for the abandonment of certain neighbourhoods, the return of people who previously lived in them should be an absolute priority.

The construction projects implemented by the occupying authorities deserve special attention: although the community will be emotionally affected by the demolition of these houses, they can be used as a 'revolving fund' for the time being, i.e. as temporary housing for residents while their homes are being restored.

Integration of industrial zones into the fabric of the city

For cities facing the sea, unimpeded access to the coastline and a well-developed recreational infrastructure are key advantages for developing tourism potential. Currently, due to the railway tracks that run to the port of Mariupol right along the beach and due to the port itself, which occupies 3.5 kilometres of coastline, this access is significantly hampered, stymieing this sector of the economy.

Another challenge for the city is to change the function of the territory of Azovstal. Azovstal's buildings belong to the plant, but the land under the destroyed plant belongs to the city, and it seems appropriate to rethink this area and give it new meanings and functions to improve the city's connectivity. At the same time, it will be difficult to properly and meaningfully rethink the Azovstal territory without synergy between the owner, the city, and the city community.

4.2 Зцілити травму

Перебудувати місто — не означає зцілити травму. Більш того, цю травму ніколи не буде зцілено повністю — те, що відбулось навесні 2022 року під час руйнувань російською армією, назавжди залишиться шрамами в тканині міста і в пам'яті мешканців.

Зцілення — процес, а не одноразова дія, яка має кінцевий результат. Процес зцілення та переживання психологічної травми після війни потребує часу, зусиль та ресурсів, які є не менш важливими, ніж ресурси на перебудову міста.

Кращим прикладом активної меморіалізації в Україні можна вважати конкурс «Територія Гідності / Terra Dignitas» на меморіалізацію в міському просторі подій Майдану 2014 року. Написання конкурсного завдання разом з мешканцями міста тривало пів року і проходило через вкрай жорсткі та конфліктні обговорення. Хоча відкритий конкурс концепцій не передбачав обов'язкової реалізації проєктів-переможців, сам процес проведення конкурсу й осмислення подій, що сталися взимку 2014 року, мав зцілюючий результат.

Heal the trauma

Rebuilding a city does not automatically heal its trauma, which will never fully dissipate. The events of spring 2022 will forever mark Mariupol's fabric and identity.

Healing is a process, not a one-time action that has an end result. The process of healing and experiencing psychological trauma after a war requires time, effort, and resources, which are no less important than resources allocated to rebuilding the city.

The best example of active memorialisation in Ukraine is the Terra Dignitas competition for the memorialisation of the events of the 2014 Maidan in the urban space. It took six months to develop the competition brief with the participation of the city's residents; extremely tough and conflictual discussions were involved. Although the open call for concepts did not provide for mandatory implementation of the winning projects, the process of holding the competition and reflecting on the events of the winter of 2014 had a healing effect.

Головне, чого вимагає процес зцілення, — створення чесного багатовимірного наративу подій 2022-2023 років. Тисячі голосів мають розповісти свою частину історії, яка об'єктивно відображатиме те, що відбулось, без купюр та прикрас, не пом'якшуючи, не романтизуючи, не знецінюючи ці події і не намагаючись швидше залишити їх в минулому. Адже горювання займе стільки часу, скільки буде потрібно.

Такий підхід означає необхідність створення інституції, яка буде займатись збиранням, фіксацією, осмисленням та переказом цих живих історій. Подібна інституція матиме національну вагу і має створюватись за підтримки держави. Логічним оператором для її створення з боку держави можна вважати Український інститут національної пам'яті.

Побудова музею в реальному просторі триватиме не менше 5-7 років і не має перешкоджати роботі цій інституції з першого ж дня після деокупації міста. Ми пропонуємо тимчасово розмістити інституцію пам'яті в центрі міста, можливо в районі драматичного театру, для забезпечення легкого транспортного доступу мешканців.

Вкрай принципово, щоб саме ця інституція дослідження пам'яті стала провідником всіх процесів меморіалізації в місті, що не дозволить політизувати процес та замістити дослідження і зцілення травми гранітними істуканами.

Незважаючи на те, що безпосередньо дослідженням пам'яті та меморіалізацією подій має займатись спеціалізована інституція, вже зараз можна говорити про підхід до роботи з простором подій на першому етапі.

The main thing that the healing process requires is the creation of an honest, multidimensional narrative describing the events of 2022–2023. Thousands of voices have to tell their part of the story, which will objectively reflect what happened, without embellishments, without softening, romanticising, or devaluing these events, and without trying to push them into the past with all haste. After all, grieving will take as long as it takes.

This approach means that an institution needs to be created to collect, record, comprehend, and retell these living stories. Such an institution will have national importance and should be created with the support of the state. The Ukrainian Institute of National Remembrance may be considered a logical operator for its creation on the part of the state.

The construction of the museum in real space will take at least 5–7 years and should not interfere with this institution's work from the very first day after the city's deoccupation. We propose to temporarily locate the memory institution in the city centre, possibly near the drama theatre, to ensure easy transport access for residents.

It is of utmost importance that this institution of memory research becomes the leader of all memorialisation processes in the city. This will prevent the process from being politicised and ensure that research and healing of trauma are not substituted with granite plaques.

Despite the fact that a specialised institution should be directly involved in the study of memory and memorialisation of events, we can already talk about the first stage in working with the space of memorialisation events.

Блокада Маріуполя 2022. Жінка поповнює запаси питної води збираючи сніг.

The blockade of Mariupol 2022. A woman replenishes drinking water by collecting snow.

Фото: Євген Сосновський
Photo: Yevhen Sosnovsky

Головна ідея такої роботи — «консервація тут і зараз». На території «Азовсталі» це означає розмінувати, виділити зони та маршрути, відкриті для відвідування, вжити заходів для збереження недоторканності сцени подій та не заважати природі робити свою справу. Такий підхід дозволить зберегти простір для подальших досліджень, але, що важливіше, створить простір «пам'яті на паузі», який буде німим свідком епіцентру подій та вражаючим міксом степової природи та напівзруйнованого заводу, що в комплексі створить надпотужний туристичний магніт на першому етапі відновлення міста без великих вкладень.

Наступним етапом має стати м'яка трансформація міста і набуття ним нових функцій відповідно до міських потреб. У такий спосіб природним чином буде набуватись баланс між тотальною консервацією і перепрофілюванням територій, оскільки з часом місця пам'яті, а також емоційні та етичні обмеження щодо функцій території, будуть набувати чіткіших контурів. Водночас формування нових функцій на територіях заводу має розроблятись зі збереженням певних орієнтирів у минулому цього простору: залишкових острівців консервації, морфології чи ландшафту, точок потрапляння на територію чи певних маршрутів, уможливлюючи нашарування різних історій в одному просторі, не стираючи попередні шари.

Також важливо зазначити, що історія «Азовсталі» — це також історія самого заводу та людей, які були до нього дотичні, а не лише історія героїчної оборони.

Важливо розповідати про те, що ми втратили, і якими ми були до війни.

The main idea behind this work is 'conservation here and now'. On the territory of Azovstal, this means demining, designating areas and routes open to the public, taking measures to preserve the integrity of the scene of events, and not interfering with nature's work. This approach will preserve the space for further research, but more importantly, it will create a space of 'memory on pause' that will be a silent witness to the epicentre of events and an impressive mix of steppe nature and a dilapidated plant, which together will create a powerful tourist magnet at the first stage of the city's recovery without the need for large investment.

The next stage should be the soft transformation of the city and its acquisition of new functions in accordance with urban needs. In this way, a balance will naturally be struck between total conservation and repurposing of the territories, as over time the places of memory, as well as emotional and ethical restrictions on the functions of the territory, become more clearly defined. At the same time, new functions should be created on the plant's territories while preserving certain landmarks in this space's past: residual islands of conservation, morphology, or landscape, points of entry to the territory, and specific routes. This will make it possible to layer different histories in one space without erasing previous layers.

It is also important to note that the history of Azovstal is also the history of the plant itself and the people who were involved in it, not just the history of heroic defence.

It is important to talk about what we have lost and what we were like before the war.

Блокада Маріуполя 2022.
Єдиний спосіб приготувати їжу — на відкритому вогні.

The blockade of Mariupol 2022.
The only way to cook food is on an open fire.

Фото: Євген Сосновський
Photo: Yevhen Sosnovsky

ЗАВДАННЯ ДЛЯ МІСЦЕВОЇ ВЛАДИ

tasks for local authorities

Негайно після деокупації на базі соціальних центрів у сусідствах мають бути організовані робота психологів та соціальних робітників для надання психологічної підтримки потерпілим, групові та індивідуальні сесії для зняття стресу, розуміння власних почуттів та зцілення від травми.

Також процес зцілення буде підтримувати залучення мешканців до процесу відновлення міста через зустрічі спільноти та дискусії, сприяючи відродженню відчуття згуртованості та надії, а також заохочення і підтримка місцевих громадських організацій, які займаються реконструкцією, гуманітарною допомогою та розвитком міста.

Immediately after the de-occupation, psychologists and social workers should be organised at social centres in the neighbourhoods to provide psychological support and group and individual sessions to relieve stress and help victims understand their own feelings and heal from their trauma.

The healing process will also involve residents in the city's recovery process through community meetings and discussions, fostering a renewed sense of cohesion and hope, as well as encouraging and supporting local NGOs engaged in reconstruction, humanitarian aid, and development.

4.3 Нова роль Маріуполя: транзит

Масштабні руйнування Маріуполя підштовхують до ухвалення давно очікуваного рішення — виходу мономіста за межі регіонального центру металургії та диверсифікації сфер економіки.

Ми бачимо місто як мультифункціональний мікс портової логістики та припортової переробки, виробництва сталі, морського та меморіального туризму, торгівлі, освіти, військових баз та економіки послуг.

Для України нова ключова стратегічна роль Маріуполя — транзитна.

Оскільки кордон і транзит вантажів з Росії буде припинено на довгий період часу, у рамках процесів реінтеграції та відбудови сходу України Маріуполь стане опорним портом для всього сходу України включно з Донецьком, Луганськом і Харковом.

Якщо раніше Україна була великим експортером сталі, то під час реконструкції значна частка її виробництва буде спрямована на внутрішні потреби, і зі втратою виробництва частини номенклатури її доведеться доповнити імпортом. За нашими прогнозами кілька десятків мільйонів тонн сталі та будівельних матеріалів необхідно буде імпортувати для відбудови сходу України. Порт Маріуполя, який до повномасштабного вторгнення працював в основному як експортний, змінить основну функцію на імпорт.

Як альтернативу довоєнному транзитному шляху з Росії до Харкова, Донецька і Луганська ми пропонуємо створити нові транспортні коридори з комбінованою залізнично-автомобільною дорогою в напрямках Маріуполь — Запоріжжя — Дніпро, Маріуполь — Донецьк — Слов'янськ — Харків та Маріуполь — Донецьк — Луганськ, що передбачає можливе підняття статусу транспортних коридорів Маріуполь — Запоріжжя та Маріуполь — Донецьк — Слов'янськ до міжнародних.

Окрім цих магістралей гострою необхідністю є побудова бетонної об'їзної дороги навколо Маріуполя, яка поєднає траси М14, Н08, Н20, забезпечить доступ до старого на нового портів, території ММК ім. Ілліча.

Mariupol's new role: transport hub

The large-scale destruction of Mariupol is prompting a long-awaited decision to move the previously one-industry city beyond its role as a regional centre for metallurgy and to diversify its economy.

We see the city's future as a multifunctional mix of port logistics and port processing, steel production, maritime and memorial tourism, trade, education, military bases, and a supporting service economy.

For Ukraine, Mariupol's new key strategic role is as a transit hub.

Since the border and transit of goods from Russia will be closed for a long period of time, Mariupol will become a hub port for a hinterland that will encompass the entire east of Ukraine, including Donetsk, Luhansk, and Kharkiv, as part of the reintegration and reconstruction of eastern Ukraine.

Ukraine used to be a major exporter of steel. During the country's reconstruction a significant part of its production will be directed to domestic needs; the loss of production of a part of its product range will have to be compensated with imports. According to our forecasts, several tens of millions of tonnes of steel and construction materials will need to be imported to rebuild eastern Ukraine. Thus, the port of Mariupol, which operated primarily as an export port before the full-scale invasion, will switch to predominantly serving imports during the reconstruction of Ukraine.

As an alternative to the pre-war transit route from Russia to Kharkiv, Donetsk, and Luhansk, we propose creating new transport corridors with a combined railway and road in the directions of Mariupol-Zaporizhzhia-Dnipro, Mariupol-Donetsk-Slaviansk-Kharkiv, and Mariupol-Donetsk-Luhansk, which implies the possible upgrading of the Mariupol-Zaporizhzhia and Mariupol-Donetsk-Slaviansk transport corridors to international status.

In addition to these highways, there is an urgent need to build a concrete bypass road around Mariupol that will connect the M14, H08, and H20 highways and provide access to the old and new ports and the territory of Ilyich Iron and Steel Works.

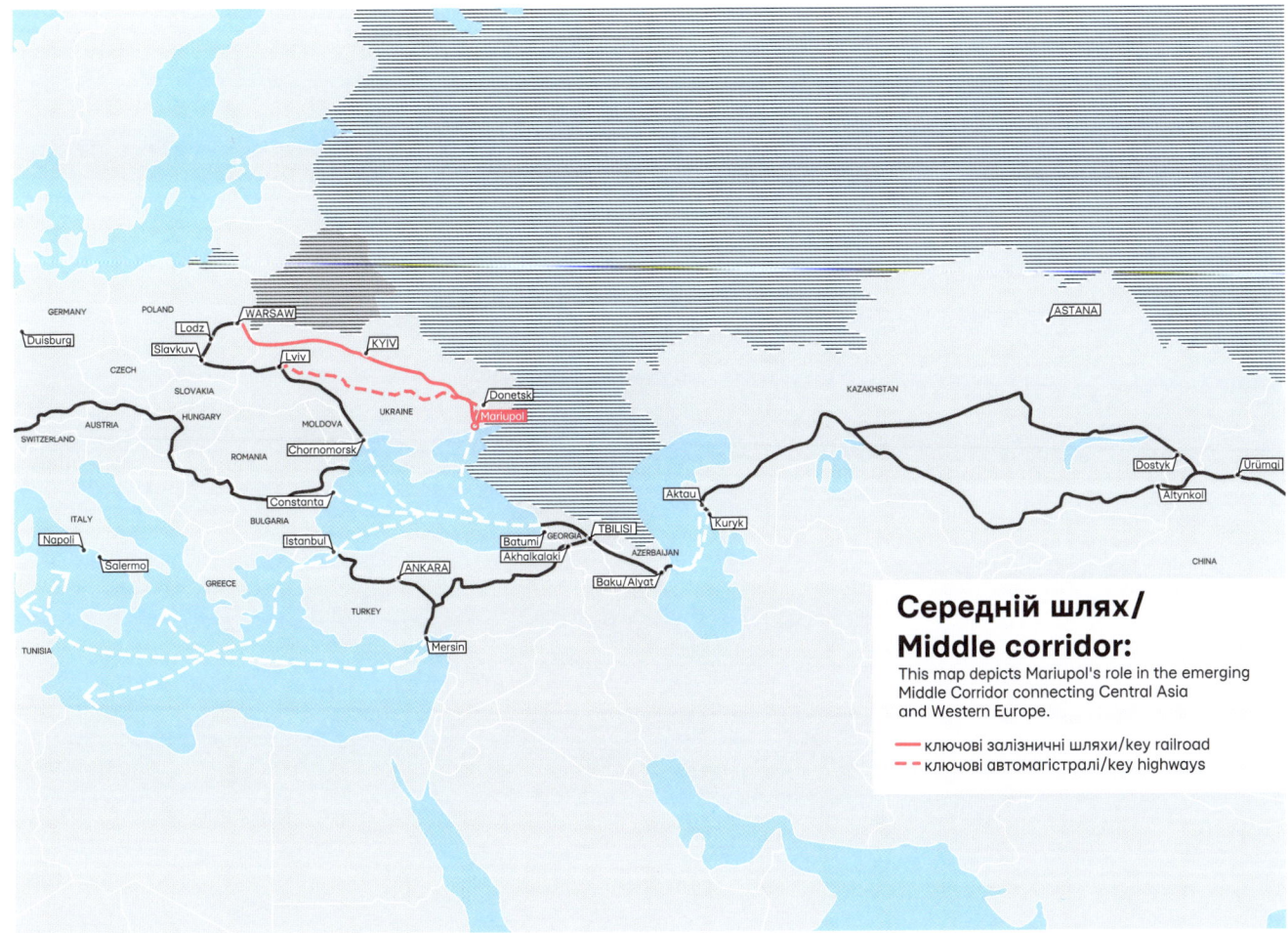

Середній шлях/Middle corridor:
This map depicts Mariupol's role in the emerging Middle Corridor connecting Central Asia and Western Europe.

— ключові залізничні шляхи/key railroad
-- ключові автомагістралі/key highways

Побудова зазначених трас та об'їзної дороги інтегрує 18-мільйонний ринок на схід від Дніпра в середземноморський торговельний басейн. Інтеграція цієї мережі з автоматизованими портовими терміналами з нульовим рівнем викидів і низьким рівнем шуму, розміщеними в міському середовищі, забезпечить безперебійну доставку від Стамбула до Харкова і в зворотному напрямку в короткі терміни (доба морем Стамбул — Маріуполь, автоматичне перевантаження в порту, доба залізницею Маріуполь — Харків).

The construction of these routes and the bypass road will integrate the 18-million-strong market east of the River Dnipro into the Mediterranean trade basin. The integration of this network with automated zero-emission and low-noise port terminals located in urban environments will ensure uninterrupted delivery from Istanbul to Kharkiv and vice versa in a short time frame (one day by sea from Istanbul to Mariupol, automatic transshipment at the port, one day by rail from Mariupol to Kharkiv).

Гінтерланд Маріуполя/
Mariupol hinterland:

— траси/highways　　— залізниця/railways
━ сполучення з сусідніми містами/
　transport corridors to hinterland
⚓ портові міста/major ports
┈ корабельні шляхи/major shipways
▨ гінтерланд/hinterland
　види вантажів/types of goods:
🛢 нафта/oil
🜕 природний газ/natural gas
📦 контейнери/containers

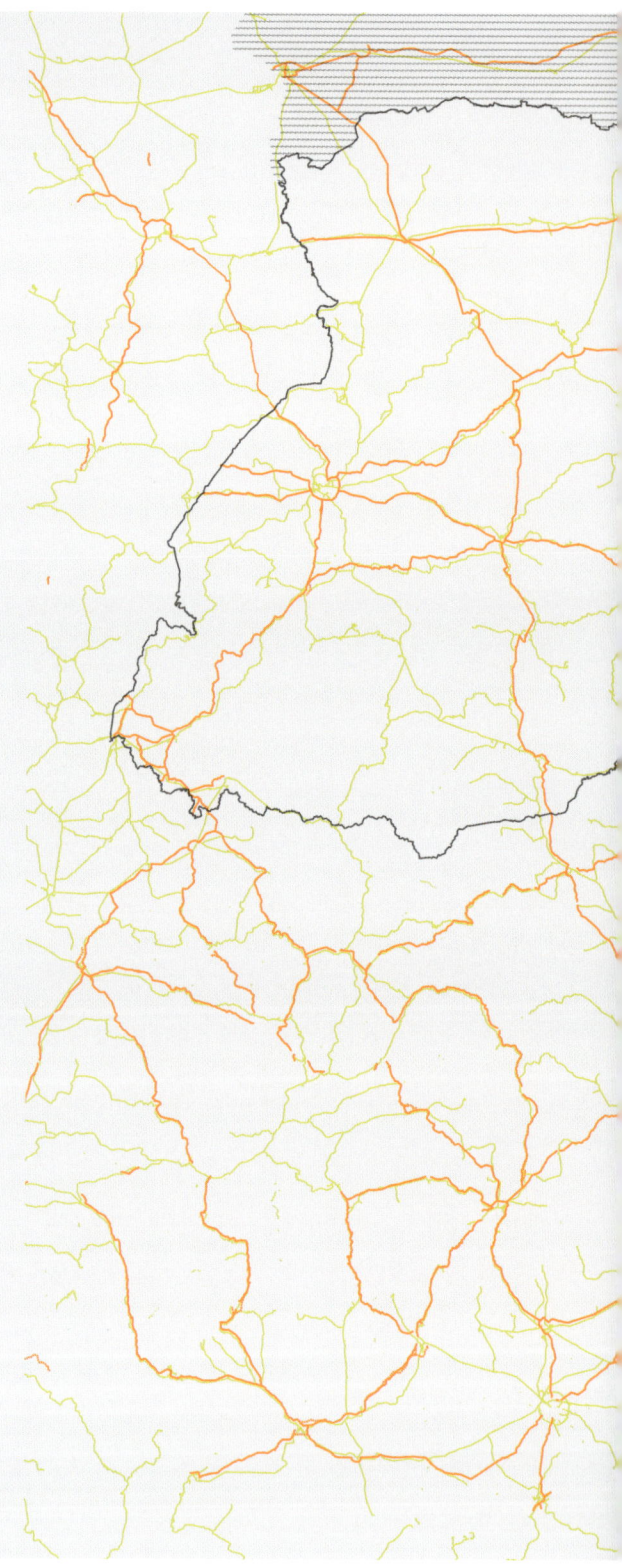

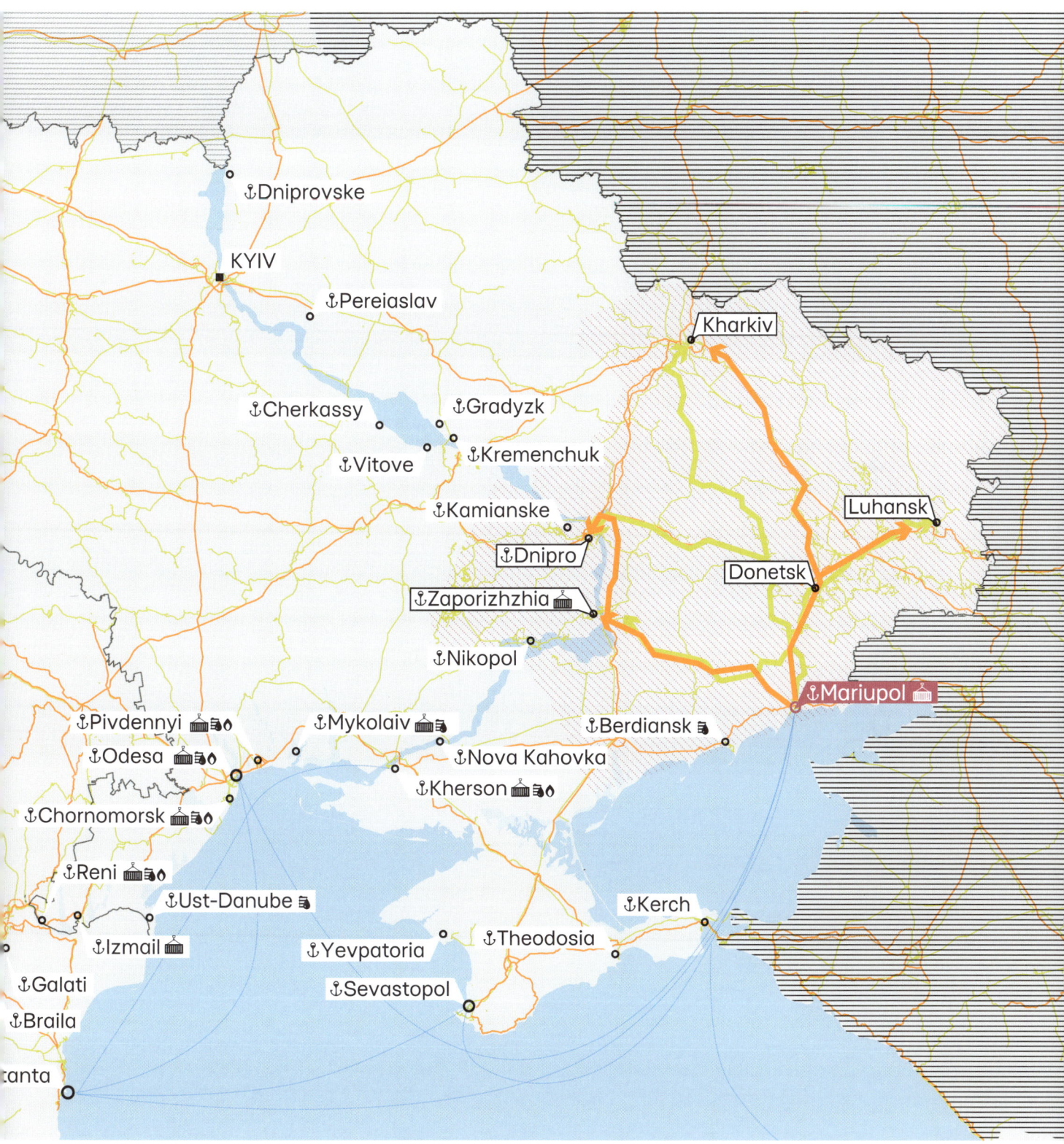

4.4 Порт

Маріупольському порту необхідно значно підвищити пропускну спроможність та ефективність перевалки контейнерів. Ми пропонуємо побудову нового автоматизованого контейнерного терміналу на південному сході території заводу «Азовсталь» та подальше перенесення існуючого порту для насипних матеріалів на нову локацію. Це виведе автомобільні та залізничні транспортні шляхи в порт з заселених територій міста та дозволить розгорнути на півночі індустріальний кластер, який виконуватиме функції логістики та переробки вантажів.

В існуючого порту недостатні земельні ресурси для організації повноцінного контейнерного терміналу необхідної потужності з площами для зберігання контейнерів у зв'язку зі зміною профіля порту з експортного на імпортно-експортний.

Також поточна локація порту Маріуполя несе масштабний недолік неможливості розкрити курортний потенціал міста, адже існуючий порт займає 3,5 км узбережжя, а ще 3,5 км залізничних колій, які до нього ведуть, розташовані безпосередньо на центральному пляжі.

Враховуючи драматичне покращення екологічних умов у місті після руйнування «Азовсталі», розташування порту блокує створення цілої галузі економіки — перетворення міста в повноцінний курорт. Перемістивши промисловість на північ, а порт — в район «Азовсталі», ми виправляємо історичну помилку і значно покращуємо зв'язок мешканців з морем. Це саме той момент, коли треба «будувати краще».

Хоча вартість будівництва нового терміналу може здаватися значною, інвестиції в модернізацію існуючого порту, ймовірно, будуть порівнянними, і не зможуть виправити ситуацію з береговою лінією в центрі міста, яка залишиться промисловою зоною, а місто не зможе стати курортом.

Port

The port of Mariupol will need to dramatically improve its container-handling capacity and efficiency. We propose building a new automated container terminal in the southeast of the Azovstal territory and eventually relocating the existing bulk-materials port to this new location as well. This will remove road and rail transportation routes to the port from the city's populated areas and allow for the development of an industrial cluster in the north that will perform logistics and cargo-processing functions.

The existing port has insufficient land resources to enable the creation of a fully fledged container terminal with the required capacity and container storage space, due to the change in the port's profile from export to both import and export.

The current location of Mariupol's port has the additional major drawback of preventing the city from unlocking its potential as a travel destination, since the existing port occupies 3.5 kilometres of coastline, and another 3.5 kilometres of railway tracks leading to it are located directly on the central beach.

Given the dramatic improvement in environmental conditions in the city after the destruction of Azovstal, the location of the port is blocking the creation of an entire industry, i.e. a future for Mariupolis as a fully fledged resort. By moving the industry to the north and the port to the Azovstal area, we are correcting a historical mistake and significantly improving the connection between residents and the sea. This is precisely the moment to 'build back better'.

1

2

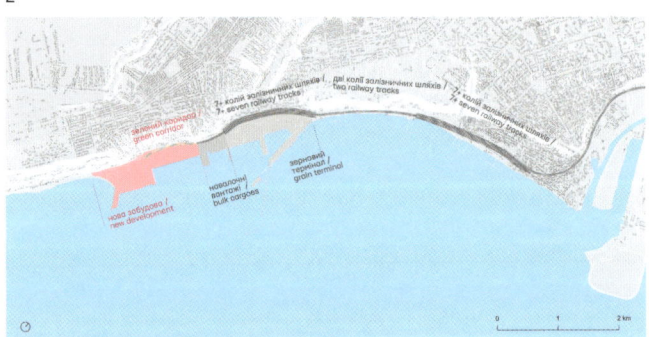

Поступова трансформація старого порту до його повного переносу

Згідно з концепцією імпортного порту, нове місце має передбачати площі для розміщення трьох обов'язкових складових:

портові термінали для вантажів різного типу;

контейнерне зберігання та сортування;

виробничий кластер з підведеними комунікаціями.

Порт на території «Азовсталі» в районі шлакової гори не потребує підведення комунікацій, проведення залізничної гілки через місто та будівництва автомобільних доріг, не потребує влаштування нових мостових переходів. Днопоглиблювальні роботи є помірними, оскільки можуть спиратися на старий канал порт Маріуполь — порт «Азовсталь». Наявні локальні матеріали для будівельних робіт (металургійний шлак) і відсутність необхідності їхнього транспортування. Порт на цій локації мінімально втручається в тканину населеної частини міста і не займає територій, які можна було б використати для рекреаційної функції. Переробка шлакової гори, що є необхідною для побудови нового порту, описана в цьому документі пізніше.

Існуючу залізничну гілку на правому березі пропонується перетворити в лінійний парк. На території залізничного вокзалу та існуючого порту після цього можуть бути створені нові кластери забудови з прямим доступом та видом на море.

While the cost of building a new terminal may appear substantial, the required investment in modernising the existing port would likely be comparable and would fail to remedy the coastline in the city centre. The shoreline would remain an industrial zone, preventing the city from becoming a tourist destination.

In accordance with the concept of an import port, the new location should provide space to accommodate three mandatory components:

- port terminals for various types of cargo;

- container storage and sorting;

- a production cluster with connected communications.

Building the new port on the Azovstal site in the vicinity of a slag mountain will not require new utilities, a railway line through the city, construction of roads, or new bridges. The amount of dredging required will be moderate as use can be made of the old Mariupol-Azovstal port channel. Local materials for construction works (metallurgical slag) are available and will not have to be transported to the site. A port in this location will interfere only minimally with the fabric of the city's residential area and will not occupy territories that could be used for recreational purposes. The processing of the slag mountain, which is necessary for the construction of the new port, is described below in this document.

It is proposed that the existing railway line on the right bank be transformed into a linear park. New development clusters with direct access and sea views can then be created on the territory of the railway station and the existing port.

3

4

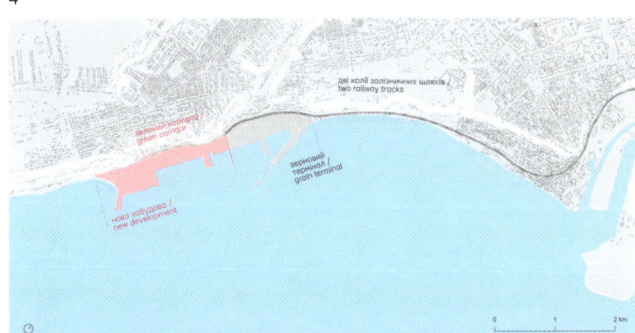

Step by step transformation of the old port before it is fully removed

4.5 Екологічна спадщина

Сьогодні Маріуполь має унікальний шанс реалізувати довгострокову стратегію трансформації до моделі eco city з переходом на відновлювані джерела енергії, чисту водневу металургію, emission free транспорт та повноцінне очищення стоків. Для цього всі зміни в місті мають відповідати ключовій рамці: чи допомагає ця зміна стати Маріуполю містом-лідером в управлінні екологією в країні?

«Азовсталь»

Руйнування заводу «Азовсталь» сприяло зменшенню рівня забруднення повітря у Маріуполі, особливо в центрі міста, районах Гавані, Слобідки та дотичних до заводу територіях лівого берегу.

На території «Азовсталі» та прилеглих до заводу природозахисних смуг виявлено значні накопичення забруднюючих речовин. Найбільше забруднення можна очікувати у ґрунтах та донних відкладеннях рік Кальчик та Кальміус та акваторії Азовського моря, що також призводить до вторинного забруднення вод та повітря.

Для повноцінного використання території «Азовсталі» доведеться видалити не менш ніж 6 метрів ґрунту. Дороговартісність цього примушує до пошуку альтернативних функцій для цих територій або альтернативних процесів очищення без проведення повної та прямої рекультивації.

Території навколо заводу Ілліча

У районі заводу Ілліча роками спостерігається незадовільний екологічний стан, що призводить до передчасної смертності і надмірних витрат системи охорони здоров'я з причин високого рівня хронічних обструктивних захворювань легенів та онкологічних захворювань. Перехід на чисту металургію є важливою, проте віддаленою перспективою, тому рекомендується розглянути можливість пошуку міжнародного та національного екологічних грантів на поступове переселення мешканців у прибережні райони з озелененням території за моделлю Maxima Park (Утрехт, Нідерланди), тобто поступове озеленення звільнених земельних ділянок деревами. Це створить захисну смугу дерев, яка відокремить завод Ілліча від населених районів, а з іншого боку, переселення людей у прибережну зону зробить місто більш живим, компактним і економічно ефективним.

Environmental heritage

Today Mariupol has a unique chance to implement a long-term strategy of transformation into an eco-city with a transition to renewable energy sources, clean hydrogen, clean metallurgy, emission-free transport, and proper wastewater treatment. To do this, all changes in the city must meet a key condition: Does this particular change help Mariupol become a leading city in environmental management in the country?

Azovstal

The destruction of the Azovstal plant has functionally reduced air pollution in Mariupol, especially in the city centre, the harbour, Slobodka, and areas on the left bank adjacent to the plant.

Significant accumulations of pollutants have been detected on Azovstal's territory and in the environmental protection strips adjacent to the plant. The greatest pollution can be expected in the soils and bottom sediments of the Kalchik and Kalmius rivers and the Azov Sea, which also leads to secondary water and air pollution.

In order to fully utilise the site, Azovstal will have to remove at least six metres of soil. The high cost of this makes it necessary to look for alternative functions for these areas or alternative cleanup processes without full and direct reclamation.

Areas around the Ilyich plant

The Ilyich plant area has contributed to poor environmental conditions for years, leading to premature mortality and excessive healthcare costs due to high rates of chronic obstructive pulmonary disease and cancer. The transition to cleaner metallurgy is an important but distant prospect, so it is recommended to consider seeking international and national environmental grants for the gradual resettlement of residents to coastal areas together with greening of the territory in accordance with the Maxima Park model (Utrecht, the Netherlands), i.e. gradual planting of vacated land plots with trees. This will create a protective strip of trees that will separate the Ilyich plant from residential areas; the relocation of people to the coastal zone will make the city more lively, compact, and cost-effective.

Шлакові гори

На території міста є 3 шлакових відвала з різним морфологічним та хімічним складом: балка Грекувата, територія «Азовсталь» та старий відвал у Кальміуському районі.

Гори металургійного шлаку в Маріуполі є не тільки екологічною проблемою, але й однією з найважливіших економічних можливостей. Металургійний шлак може бути перероблено на широку номенклатуру виробів та матеріалів, насамперед у будівництві:

- клінкер для виробництва портландцементу (експериментально перевірялось у суміші з хвостами вапняків шахтних відвалів, м. Горішні Плавні);
- заповнювач для шлакобетону;
- наповнювач для основи автомобільних та залізничних доріг;
- компонент для виготовлення вогнетривких матеріалів, тротуарної плитки, керамічних матеріалів (таких як керамічна плитка та санітарна кераміка), скла та скляних виробів;
- а також у сільському господарстві (вапно для корекції кислотності ґрунту, елемент для виробництва фосфатних добрив) та для очищення води (адсорбент для видалення широкого спектра забруднювачів).

Враховуючи обсяги шлаку, цілком можна розглядати пошук міжнародного екологічного гранту на його переробку. Це дозволить суттєво знизити вартість компонентів будівництва, які вироблені зі шлаку і значно знизить вартість будівництва порту, будинків, автомобільних та залізничних доріг, клінкерної цегли для мощення. Безпосередня близькість шлакової гори до залізничних шляхів дозволяє розгорнути виробництво прямо на логістичному коридорі та постачати будівельні матеріали на весь схід України.

Другий варіант — ландшафтна рекультивація шлаку: накриття його георешіткою та рослинністю за моделлю відпрацьованого відвала сталеплавильних шлаків у місті Дюнкерк, Франція.

Slag mountains

There are three slag dumps with different morphological and chemical compositions in the city: Grekuvata Balka, the Azovstal site, and an old dump in the Kalmius district.

The mountains of metallurgical slag in Mariupol are not only an environmental problem but, ironically, one of its most important economic opportunities. Metallurgical slag can be processed into a wide range of products and materials, primarily in construction, for example:

- clinker for the production of Portland cement (experimentally tested in a mixture with limestone tailings from mine dumps, Horishni Plavni);
- aggregate for slag concrete;
- aggregate for use as a base in roads and railways;
- as a component in the manufacture of refractory materials, paving slabs, ceramic materials (such as ceramic tiles and sanitary ceramics), and glass and glassware;
- in agriculture (lime to correct soil acidity, an element in the production of phosphate fertilisers) and water purification (adsorbent to remove a wide range of pollutants).

Given the volume of slag, it is quite possible to consider seeking an international environmental grant for its processing and beneficial reuse. This will significantly reduce both the cost of construction components made from slag and the cost of building the port, houses, roads, and railways, and of manufacturing clinker bricks for paving. The close proximity of the slag mountain to the railway tracks makes it possible to set up production right in the logistics corridor so as to supply construction materials to the entire east of Ukraine.

The second option is landscape reclamation of slag. This involves covering it with a geogrid and vegetation based on the model of the spent steelmaking slag dump in Dunkirk, France.

Прогнозоване підтоплення територій у 2050 році
Predicted flooded areas in 2050

4.6 Природа

Маріуполь має стати містом, інтегрованим з природою, де немає чіткої межі між природою та заселеними територіями.

Степ

Маріуполь — місто в степу. Застарілі практики озеленення мають бути замінені на висадку багаторічних ендемічних рослин, які потребують мінімуму підтримки і демонструють натуральну красу регіону. Існують ризики пилових бурь, що потребує проактивного озеленення стійкими рослинами в зелених зонах («посадках») навкруги міста та у ньому.

Кількість мощення та покриття для автомобілів (асфальт, бетон) має бути мінімізована. Для зниження пилезабруднення рівень газонів має бути опущено нижче рівня мощення. Для зменшення температури в місті потрібні світлі покриття, насамперед бетон та світла клінкерна цегла, а також висадка дерев першої величини з великою кроною (платани, липи, тополі, ясені, клени тощо), особливо вздовж вулиць.

Nature

Mariupol should become a city integrated with its natural setting, where there is no clear boundary between nature and inhabited areas.

Steppe

Mariupol is a city on the steppe. Outdated artificial landscaping practices should be replaced with the planting of perennial endemic plants that require minimal maintenance and showcase the region's natural beauty. There is a risk of dust storms; this requires proactive landscaping with resilient plants in green areas ('plantings') around and in the city.

The amount of paving and vehicle surfaces (asphalt, concrete) should be minimised. To reduce dust pollution, the level of lawns in the city should be lowered below the level of paving. To reduce temperatures in the city, use should be made of light surfaces and finishings, primarily concrete and light clinker bricks, as well as of planting of tall trees with large crowns (plane trees, linden trees, poplars, ash trees, maples, etc.), especially along the streets.

Фото: Катерина Кадуріна | Photo: Kateryna Kadurina

Зелений розвиток
Green development

Зелена та синя мережа

Пропонується зв'язати місто мережею зелених коридорів. Це безперервні лінійні ділянки зелених насаджень, парків, пляжів, долин річок і природних середовищ існування, що несуть функцію збереження біорізноманіття в місті та пом'якшення впливу зміни клімату. Але також вони призначені для з'єднання різних частин міста між собою та у цілому використовуються для пішої та велосипедної мобільності. Вони допомагають збереженню біорізноманіття, регулюванню клімату, боротьбі з повенями, виконують рекреаційну функцію, сприяють збереженню здоров'я та пожвавлюють економічний розвиток.

Кожен кластер житлової забудови повинен мати пішохідний зелений коридор з доступом до цієї мережі. Успіхом реалізації цієї концепції можна вважати появу дрібної ендемічної фауни (птахи, дрібні гризуни, їжаки, амфібії) по всій території міста та середньої та крупної ендемічної фауни (зайці, лисиці, косулі) у великих кластерах зелених насаджень.

Річки

Через діяльність заводів Маріуполя річки міста роками забруднювались і не виконували повною мірою своєї екосистемної та рекреаційної функції. Найбільш цінна з рекреаційної точки зору частина гирла Кальміусу знаходилась в санітарно-захисній смузі заводу «Азовсталь». Ми пропонуємо розкрити потенціал річок міста, адже вони є важливими екосистемами, які підтримують різноманітні види дикої природи, а також допомагають регулювати місцевий клімат, поглинають і фільтрують забруднюючі речовини та забезпечують середовище існування для рослин і тварин.

Насамперед необхідно мінімізувати, а за можливості нейтралізувати вплив від водоскиду промислових підприємств. Рекомендується розчистити русла і береги річок, висадити рослини, які очищають воду (передусім очерет), висадити дерева, які будуть затіняти річку і сповільнювати цвітіння води.

Green and blue networks

It is proposed to connect the city with a network of green corridors. These are continuous linear stretches of green spaces, parks, beaches, river valleys, and natural habitats that serve to preserve biodiversity in the city and mitigate the impact of climate change. They are also designed to connect different parts of the city with each other and are generally used for walking and cycling. They contribute to biodiversity conservation, climate regulation, flood control, recreation, health promotion, and economic development.

Each residential development cluster should have a pedestrian green corridor with access to this network. The success of this concept can be seen in the emergence of small endemic fauna (birds, small rodents, hedgehogs, amphibians) throughout the city and medium and large endemic fauna (hares, foxes, roes) in large clusters of green spaces.

Rivers

Due to the activities of Mariupol's plants, the city's rivers have been polluted for years and have not been fulfilling their ecosystem and recreational functions to the fullest extent. The most valuable part of the Kalmius estuary from a recreational point of view was located in the sanitary protection zone of the Azovstal plant. We propose unleashing the potential of the city's rivers. They are important ecosystems that support a variety of wildlife species, help regulate the local climate, absorb and filter pollutants, and provide habitat for plants and animals.

First of all, it is necessary to minimise and, if possible, neutralise the impact of industrial spillways. It is recommended to clear riverbeds and river banks, plant water-purifying plants (primarily reeds), and plant trees that will shade the river and slow down water blooms.

Фото: Катерина Кадуріна | Photo: Kateryna Kadurina

Пляжі

Після окупації Криму пляжі Маріуполя (та Азова в цілому) стали значно більш популярними. Комбінація передислокації порту та зміна екологічної ситуації надає нову можливість та відповідальність Маріуполю та країні. У межах міста буде 17 кілометрів узбережжя, доступного для мешканців. З них 8 кілометрів раніше були промисловою та портовою зоною. Ці території можуть бути повернуті громадянам, які живуть поруч і не мають доступу до моря протягом багатьох десятиліть. Але пляжі не можуть розглядатись виключно з точки зору рекреації, оскільки вони несуть важливу природну функцію. Вони становлять буферну зону, яка захищає берег від ерозії — попадання ґрунту в морську воду, що погано впливає на екосистему. Зони пляжів потребують розширення (підсипки піску) і укріплення за допомогою висадки дерев з глибоким корінням.

При інтеграції території заводу «Азовсталь» у тканину міста пляжі також стають магістральним зеленим коридором, що виконує наскрізну функцію зеленої мобільності схід-захід, та осередком спортивної та відпочинкової активності.

Beaches

The occupation of Crimea led to an increase in visitors to the beaches of Mariupol (and the Azov Sea in general). In the light of the the environmental situation, replacing the port is a new opportunity and at the same time a great responsibilty. There will be 17 kilometres of accessible coastline within the city limits. Of this, eight kilometres used to be industrial or port areas. These areas can be given back to citizens who live nearby and have been unable to access this coastline for many decades. However, beaches cannot be viewed solely from the perspective of recreation: they also have an important natural function. They constitute a buffer zone that protects the shore from erosion and ensures that soil does not enter the sea to the detriment of the ecosystem. Beach areas need to be expanded (by adding sand) and reinforced by planting trees with deep roots.

Since the Azovstal site is to be integrated into the fabric of the city, the beaches will become an important green corridor that enhances east-west green mobility, as well as a centre of sports and recreational activity.

ЗАВДАННЯ ДЛЯ МІСЦЕВОЇ ВЛАДИ / tasks for local authorities

Контроль зеленої маси (дерев у місті) потребує реального розуміння стану кожного конкретного дерева. Необхідне проведення інвентаризації кожного дерева в місті і складання відповідного електронного реєстру. Моделі оцінки дерев не є складними, а перехід на закупівлю підтримки здорового стану дерев замість закупівлі проведених з ними маніпуляцій сприяє якості та кількості зеленої маси і дозволяє більш ефективно витрачати бюджет на підтримку зелених насаджень.

Controlling the green mass (trees in the city) requires a real understanding of the condition of each particular tree. An inventory of every tree in the city and a corresponding electronic registry should be made.

Tree-assessment models are not complex, and the transition to maintaining trees' healthy condition as opposed to conducting manipulations with them will contribute to the quality and quantity of the green mass and allow for more efficient spending of the city's budget for maintaining green spaces.

План узбережжя
Coast plan

4.7 Мобільність

Піша мобільність

Ефективно працююча система мобільності базується не на транспорті, а на відсутності його необхідності при переміщеннях. В умовах масштабного відновлення головним пріоритетом у системі мобільності має стати забудова, яка сприяє зниженню транзитних (особливо маятникових — ранок-вечір) переміщень по місту за рахунок компактності, щільності та великої частки приміщень з громадською, торговельною та офісною функцією, що дозволить наблизити робочі місця до зон проживання людей і зробити переміщення пішки основним видом мобільності.

Велосипедна та мікромобільність

Клімат та навколишнє середовище Маріуполя роблять його в цілому пристосованим для велосипедних переміщень та інших форм мікромобільності. Велосипедна інфраструктура — виділені велодоріжки та дороги спільного користування, велопарковки, велосипедні світлофори і розв'язки — має бути розгорнута на всіх головних вулицях міста.

Велосипедні переміщення повинні стати основним типом мобільності всередині одного сусідства та на відстань одного-двох сусідств, оскільки оптимальна відстань переміщень на звичайному велосипеді складає 7 км (може збільшитись до 15 км для електровелосипедів). Для переміщення на дальні відстані має бути передбачена можливість перевезення велосипедів громадським транспортом.

Ландшафт Маріуполя в цілому є придатним для велосипедних поїздок, проте пляжна зона розташована значно (60 м) нижче рівня основної забудови, і рекомендується влаштування ескалаторів з активною системою підйому та спуску велосипедів на обох берегах міста. Також можна інтегрувати мікроелектричні чотириколісні транспортні засоби, які закривають розрив між особистим і громадським транспортом і можуть бути придатними для людей похилого віку або людей з обмеженими фізичними можливостями, в тому числі для ветеранів.

Mobility

Pedestrian mobility

An efficient mobility system is not based solely on transportation but also on the absence of need for movement. In the context of a large-scale recovery, the main priority in the mobility system should be development that reduces transit (especially morning and evening commuting) around the city. Key characteristics for achieving this goal are compactness, density, and a large proportion of premises with public, retail, and office functions which will bring jobs closer to people's living areas and make walking the main mode of mobility.

Cycling and micromobility

Mariupol's climate and environment make it generally suitable for cycling and other forms of micromobility. Bicycle infrastructure — dedicated bike lanes and shared roads, bicycle parking, bicycle traffic lights and interchanges — should be deployed on all major streets in the city.

Bicycle travel should become the main type of mobility within a neighbourhood and for distances of one or two neighbourhoods, given that the optimal distance for travelling by regular bicycle is seven kilometres (or up to 15 kilometres in the case of electric bicycles). For longer distances, it should be possible to transport bicycles by public transport.

Mariupol's landscape is generally suitable for cycling, but the beach area is located significantly (60 metres) below the level of the main buildings; it is advisable to install escalators with an active bicycle-lifting and -lowering system on both banks of the city. Microelectric four-wheelers can also be integrated; they will bridge the gap between private and public transportation and are suitable for the elderly and people with disabilities, including war veterans.

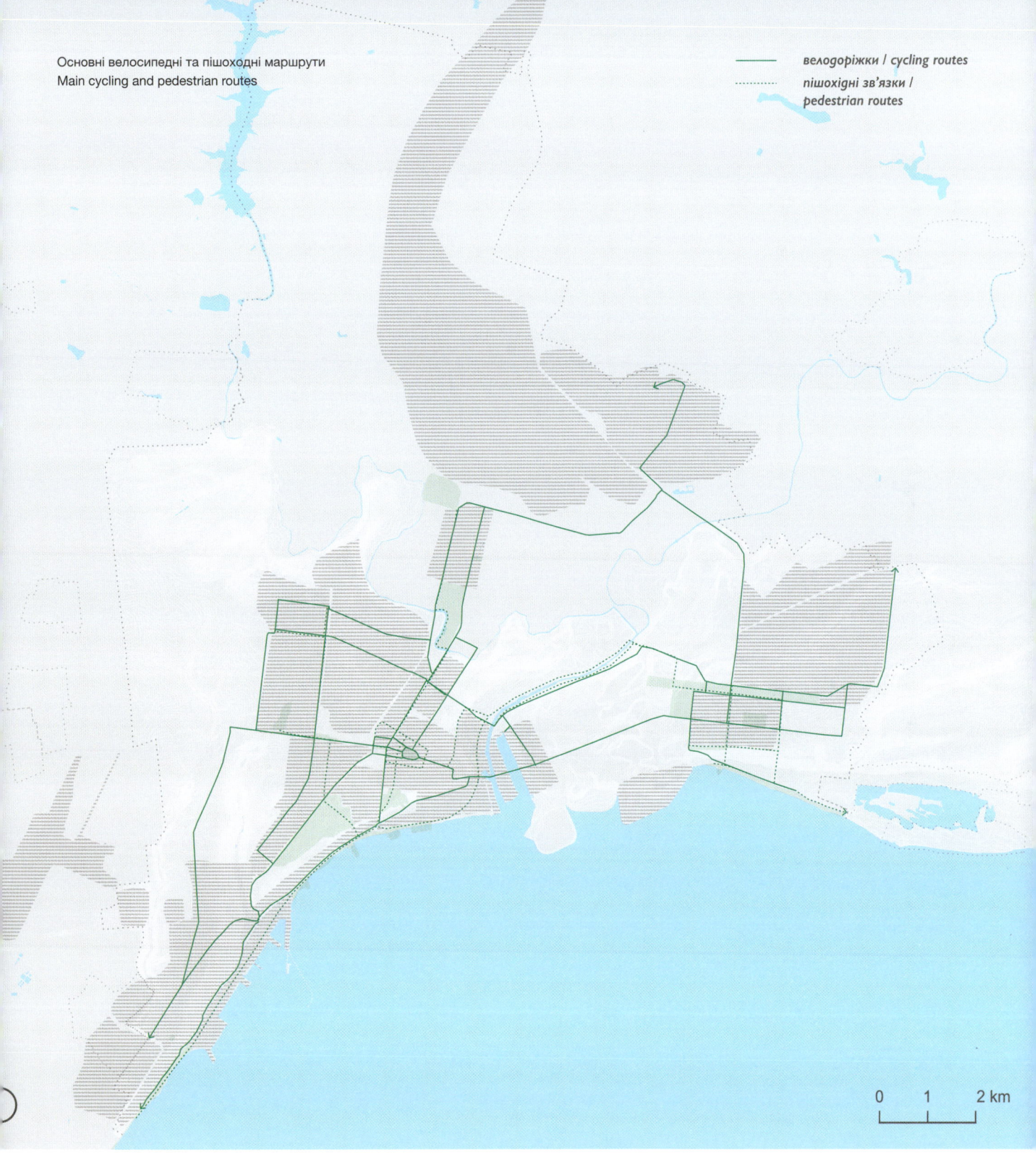

ЗАВДАННЯ ДЛЯ МІСЦЕВОЇ ВЛАДИ

tasks for local authorities

У міста сьогодні є шанс ривком підняти рівень велосипедизації, налагодивши систему постачання безкоштовних велосипедів, що були у використанні, від іноземних міст-партнерів мешканцям, що ефективно показало себе в деокупованих містах сходу та на півночі України. В умовах відсутності доходів велосипед може надовго стати основним засобом переміщення, сформувати звичку користування, підтримати здоровий спосіб життя та екологію в місті, а також знизити користування громадським та приватним транспортом.

Today the city has a chance to jumpstart cycling by establishing a system for supplying free used bicycles from foreign partner cities to residents; this has already proved effective in the de-occupied cities of eastern and northern Ukraine. In the absence of income, a bicycle can become the main means of transportation for a long time, form a habit of use, support a healthy lifestyle and the environment in the city, and reduce use of public and private transportation.

Громадський транспорт

Велика частка пішохідних та велосипедних переміщень значно знижує попит на приватний і громадський транспорт та необхідні інфраструктурні вкладення для побудови і розвитку дорожньої та транспортної мережі.

Ми пропонуємо дивитись на каркас системи громадського транспорту як на мережу універсальних швидкісних коридорів, по яким зможуть рухатися як автобуси в малозавантажених напрямках, так і трамваї в напрямках з високим пасажиропотоком. Такі коридори можуть оновлюватись сегментами, тобто профіль вулиці може плануватись відразу з урахуванням можливості облаштування швидкісних трамвайних ліній, які продовжуються при побудові нових кварталів та збільшенні пасажиропотоку.

Як альтернативу побудові автобусно-трамвайних коридорів та розгортанню електричної контактної мережі вздовж всієї довжини ліній можна розглянути повноцінне впровадження системи електробусів на сучасних літій-іонних батареях, паливних елементах або ж на суперконденсаторах (вже працювали в Маріуполі), які мало деградують з часом і ефективно працюють при низьких температурах. Це дозволяє скоротити витрати на електричну інфраструктуру, оскільки для них потрібні станції підзарядки не частіше ніж кожні 5 км, а підзарядка суперконденсаторів займає 2-3 хвилини, тобто може бути реалізована на кінцевих зупинках та пересадочних вузлах. Ми рекомендуємо планувати систему мобільності так, щоб з будь-якої точки міста в будь-яку іншу доступність на громадському транспорті складала 30 хвилин.

Public transportation

When walking and cycling account for a large part of a population's transit movements, this significantly reduces demand for private and public transportation and the investment in infrastructure required to build and develop a city's road and transport network.

We propose looking at the framework of the public transport system as a network of universal high-speed corridors that can be used by buses in lightly used areas and trams in areas with high passenger traffic. Such corridors can be updated in segments, meaning that the street profile can be planned from the outset with incorporation of the possibility of building high-speed tram lines. These lines may be extended as new neighbourhoods are built and passenger traffic increases.

As an alternative to the construction of bus and tram corridors and the deployment of an electric contact network along the entire length of the lines, we might consider full implementation of an electric-bus system based on modern lithium-ion batteries, fuel cells, or supercapacitors (already in operation in Mariupol). The latter degrade little over time and operate efficiently at low temperatures. This reduces the cost of electrical infrastructure since they require recharging stations no more than every 5 kilometres, and supercapacitors take 2–3 minutes to recharge, meaning that recharging can be implemented at terminal stops and transfer hubs. We recommend planning the mobility system so that the journey from any point in the city to any other location by public transport is no more than 30 minutes.

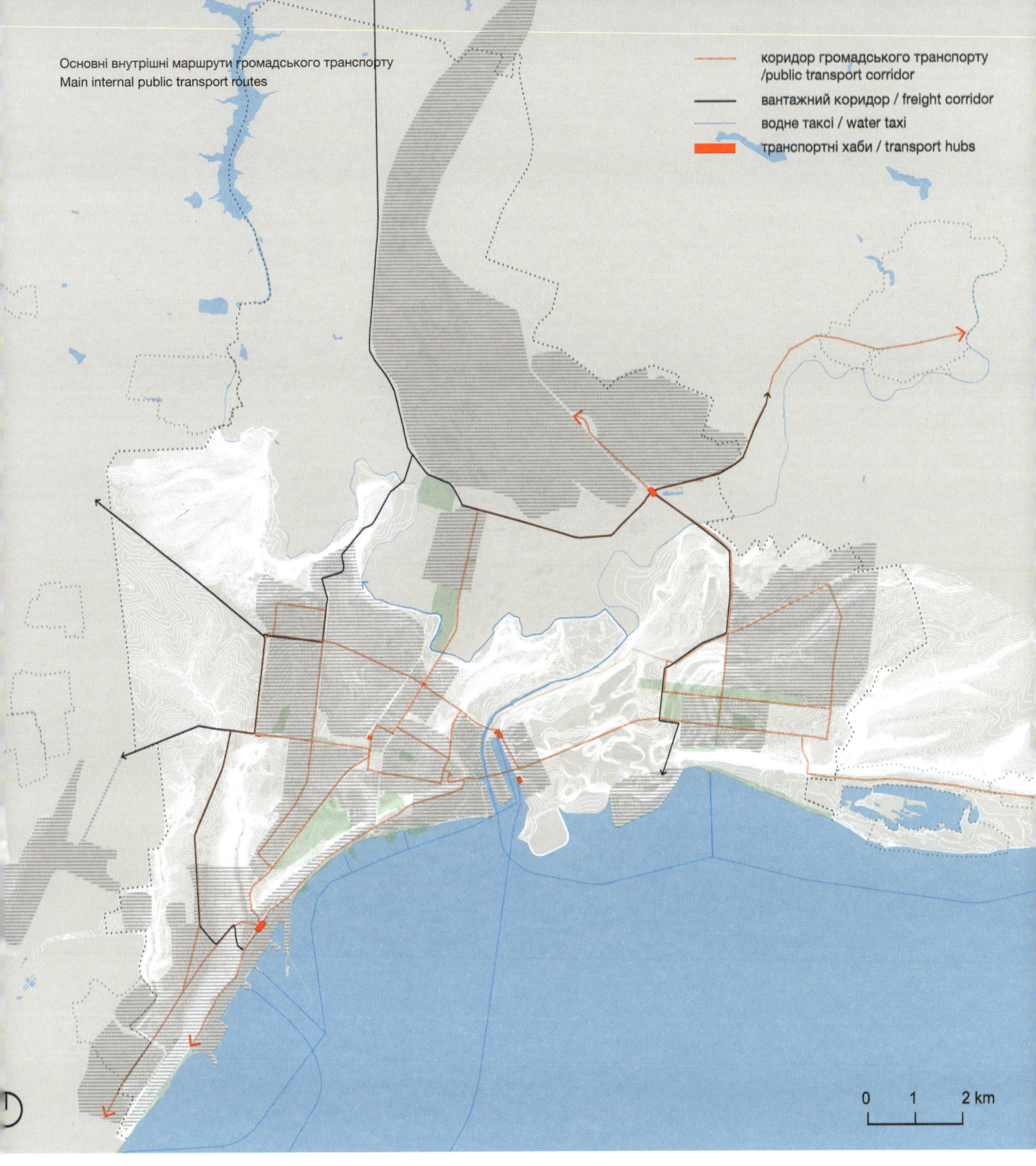

Транспортні хаби

Ми пропонуємо створення двох потужних транспортно-пересадочних хабів — в історичному центрі біля розворотного кільця на вул. Казанцева та на площі біля головних прохідних заводу «Азовсталь».

У старому центрі хаб поєднуватиме громадський транспорт та транспорт до аеропорту, а хаб на Азовстальській площі поєднуватиме залізничний транспорт, міжміські автобуси, трансфер з аеропорту, громадський транспорт, морський міський та річковий прогулянковий транспорт, морські таксі до поселень, розташованих поруч на узбережжі (Бердянськ, Урзуф, Ялта, Білосарайська Коса, Мелекіне, Новоазовськ, Сєдове), та пором у Керч (див. далі).

Також у загальній системі мобільності міста слід передбачити можливість створення додаткових хабів на околицях міста (АС-2, ПК «Іскра», перехрестя Заозерної та Маміна-Сибіряка) з влаштуванням перехоплюючих вело- та автопарковок, засобів шеринг мобільності (оренда засобів мікромобільності, авто тощо).

Транзит від старої до нової системи громадського транспорту

Важливо, щоб на певний час після деокупації були запроваджені безкоштовні маршрути громадського транспорту, що дозволить забезпечити мобільність мешканців в умовах відсутності постійної зайнятості і доходів та пожвавить економічну активність.

Впроваджується нова маршрутна мережа, побудована за моделлю суміщення магістральних та фідерних маршрутів. Місто може як самостійно володіти транспортним парком, так і закуповувати послуги перевезення за моделлю закупівлі транспортної послуги. Магістральні маршрути маршрутних таксі та автобусів малої місткості повністю скасовуються.

На зміну перехідному періоду з безкоштовним громадським транспортом впроваджується уніфікована автоматизована система оплати та контролю проїзду в громадському транспорті з річними абонементними квитками (які дозволяють мешканцям знизити граничну вартість користування, а місту — консолідувати бюджети) та безкоштовними пересадками (60-90 хвилин з моменту першої посадки), в результаті чого пересадки перестають бути стримуючим фактором у виборі маршрутів, що дозволяє спростити транспортну мережу і вирівнює ціну користування системою громадського транспорту для мешканців всіх районів міста.

Transportation hubs

We propose creating two powerful transport hubs — in the historical centre near the roundabout on Kazantseva Street and on the square near the main gates of Azovstal.

In the old centre, the hub will combine public transportation and airport transportation, while the hub on Azovstalska Square will combine rail transportation, intercity buses, airport transfers, public transportation, sea city and river boat transportation, sea taxis to nearby settlements on the coast (Berdiansk, Urzuf, Yalta, Bilosarayska Kosa, Melekine, Novoazovsk, Sedove), and a ferry to Kerch (see below).

In addition, the city's overall mobility system should provide for the possibility of creating additional hubs on the outskirts of the city (AS-2, Iskra, Zaozerna, and Mamina-Sibiryak intersections) with interceptor bicycle and car parks, and mobility sharing facilities (rental of micromobility vehicles, cars, etc.).

Transition from the old to the new public transportation system

It is important that free public transport routes be introduced for a certain period of time after the de-occupation to encourage economic activity and ensure that residents are mobile in the absence of permanent employment and income.

A new route network should be introduced, based on a combination of trunk and feeder routes. The city can either independently own the vehicle fleet or purchase transportation services under the transportation service procurement model. Existing main routes for fixed-route taxis and small buses are to be abolished in their entirety.

The transition period with free public transport will be replaced with a unified automated system of payment and control of public transport with annual season tickets (allowing residents to reduce the marginal cost of use and the city to consolidate budgets) and free transfers (for 60–90 minutes from the moment of first boarding). Transfers will cease to be a deterrent to choosing a route; this will simplify the transport network and reduce the price paid for using the public transport system.

На магістральних маршрутах смуги громадського транспорту та велодоріжки відокремлюються від звичайного руху.

Як альтернатива закупівлі більш дорогих низькопідлогових трамваїв на магістральних маршрутах влаштовуються підняті на один рівень з транспортом зупинки (платформи) з контролем квитків на вході на платформу, що наблизить магістральний громадський транспорт до моделі метро. Ця модель, яку часто впроваджують на основі автобусів і називають швидкісним автобусним транспортом (англ. Bus Rapid Transit, або BRT), широко використовується в Латинській Америці та Китаї (Куритиба, Бразилія; Богота, Колумбія, Мехіко та Їчан, Китай).

On main routes, public transport lanes and bicycle lanes will be separated from regular traffic.

As an alternative to the purchase of more expensive low-floor trams, elevated public transport stops (platforms) are to be built on main routes at the same level as the transport. Ticket control will be at the entrance to the platform, which will bring mainline public transport closer to the metro model. This model, often referred to as Bus Rapid Transit (BRT), is widely used in Latin America and China (Curitiba, Brazil; Bogota, Colombia; Mexico City; and Yichang, China).

Сучасний громадський транспорт
Modern public transport

4.8 Вода та енергія

У сфері водопостачання необхідно будівництво заводів з очищення води на Павлопільському водосховищі (або водозаборі з річки Кальміусу у Сартані) та Старокримському водосховищі, оскільки дебета жодного з цих джерел не буде достатньо для повноцінного забезпечення міста.

Наявність централізованих джерел постачання енергії несе безпекові ризики, що в повному обсязі було проявлено під час повномасштабного вторгнення.

Рекомендується впровадження розповсюдженої системи генерації електричної та теплової енергії, яка має включати:

- поля сонячних панелей на півночі міста;
- вітрові електрогенератори;
- обов'язкове обладнання дахів сонячними панелями та тепловими колекторами при новому будівництві та реконструкції існуючих будівель.

Існуюча централізована система розподілення теплової енергії (при можливості її відновлення) може бути переобладнана в систему з використанням скидного тепла комбінату ім. Ілліча як базового джерела (що дозволить обігрівати місто не утворюючи нових викидів CO_2) та мережі маневруючих котельних з використанням сучасних альтернативних технологій виробництва тепла, коли основного джерела теплопостачання недостатньо.

Під час реконструкції житла, що вціліло, має бути організовано підключення до системи теплопостачання через індивідуальні теплові пункти, а також проведено обов'язкову термомодернізацію, що на прикладі «теплих кредитів» давало економію від 50 до 70%.

У випадку неможливості чи економічної необґрунтованості відновлення підключення до централізованої системи опалення мають бути влаштовані індивідуальні (поквартирні чи побудинкові) системи опалення.

Окремі райони, наближені до моря (насамперед квартали, побудовані на місці існуючого порту при його перенесенні), можуть використовувати для опалення систему морських теплових насосів вода-вода.

Water and energy

With respect to water supply, it is necessary to build water-treatment plants at Pavlopil Reservoir (or the Kalmius River intake at Sartana) and Starokrymske Reservoir, as the debit of none of these sources will be sufficient to fully supply the city.

The presence of centralised energy-supply sources carries security risks, as has been clearly demonstrated during the full-scale invasion.

It is recommended to introduce a distributed system of electricity and heat generation. This should include:

- installation of solar panels in the north of the city;
- wind turbines;
- mandatory equipment of roofs with solar panels and passive water heat collectors in new construction and reconstruction of existing buildings.

The existing centralised heat-distribution system, if it can be restored, can be converted into a system using waste heat from Ilyich Iron and Steel Works as its main source (which will allow the city to be heated without generating new CO_2 emissions). A network of backup boiler houses using modern alternative heat-production technologies can be deployed when the main heat supply source is insufficient.

Reconstruction of surviving housing should include connection of buildings to the heating system through individual heating points, as well as mandatory thermal modernisation, as exemplified by the 'warm loans' porgramme, which has resulted in savings of 50 to 70%.

If it is impossible or economically irrational to restore the connection to the centralised heating system, individual (apartment or building) heating systems should be built.

Certain areas close to the sea (primarily neighbourhoods built on the site of the existing port during its relocation) can use a water-to-water marine heat pump system for their heating.

4.9 Військові бази

Очікується, що Маріуполь потребуватиме сильної військової безпеки. Можна очікувати будівництва до трьох військових баз на околицях міста. Для кожної з баз потрібно приблизно 90 гектарів (для 3 000 осіб особового складу) плюс 30 гектарів для житлової забудови. Бази можуть бути інтегровані в міську тканину, і в цьому випадку сусідні території можуть стати житлом для військових. Бази повинні бути розташовані поблизу кільцевої дороги навколо міста, аби мати легкий доступ у східному та західному напрямках (не через місто). Точні місця розташування потребують додаткового вивчення та обговорення з військовими фахівцями.

На сьогоднішній день існує низька ймовірність того, що уряд захоче створити військово-морську базу в Маріуполі – це буде занадто близько до території Росії, а також створення такої бази наразі планується в Бердянську.

Military bases

Mariupol is expected to need robust military security. Up to three military bases may be expected to be built on the outskirts of the city. Each base will require approximately 90 hectares (for 3000 personnel) plus 30 hectares for residential development. The bases could be integrated into the urban fabric, in which case the neighbouring areas could become housing for the military. The bases should be located near the ring road around the city, with easy access in both east and west directions (not through the city). The exact locations require further study and discussion with military experts.

Currently, it is unlikely that the government will want to establish a naval base in Mariupol, as it would be too close to Russian territory. Such a base is currently planned for Berdiansk.

Ольга, Дніпро, 47
Olga, Dnipro, 47

Я народилася в Азербайджані. Ми приїхали в Маріуполь, коли мені було 13 років, тобто більшу частину життя я прожила саме в Маріуполі. Точніше, у селі Сартана поруч.

Я в Росії теж жила, вийшла там заміж за росіянина. Кликала чоловіка сюди, казала, що тут краще, більше можливостей. Це було у 90-х. Мене все влаштовувало в Україні. У Росії я жила в металургійному містечку, але там не було розвитку. Чоловік відмовився їхати зі мною. Більше заміж я не виходила.

Старша донька працювала в оркестрі «Ренесанс» у самому Маріуполі, викладала в школі скрипку. А я була вихователькою в дитячому садку понад 20 років. Місто постійно розвивалося. Все було, нічого не можу сказати поганого. Маріуполь – це моя душа. Зараз я втратила частину своєї душі, але сподіваюся, що ми її назад повернемо.

Я не думала, що буде повномасштабна війна. Мама казала: «Дивися, він стягує військо». А я говорила, що все буде добре. Вона все одно хотіла закупитися продуктами – гаразд, закупили на певний час. А потім розпочалися бойові дії.

У Сартану вперше прилетіло 25-го числа. У підвал крутий спуск, дід із бабою туди точно не залізуть, тож ми забарикадувалися, вікна всі матрацами закрили, пересунули меблі та залишалися біля несучих стін.

26-го числа зателефонувала сестра і запропонувала залишитися в їхній квартирі в Маріуполі. У неї були світло, вода, тепло, а в Сартані вже не було світла. Тому я погодилася, і 28-го числа її чоловік забрав мене з молодшою донькою. Добре, що взяли з собою продукти: черги були величезні, а хліба немає. Гроші є, а купити нічого. Удома в сестри було два мішки борошна і два мішки цукру по 10 кілограмів. Це потім урятувало мою куму, яка там залишилася.

А 2 березня вже не було ні світла, ні газу в Маріуполі. Нам привезли дві баклажки води, ми економно пили, інколи готували чай. Але потім вода закінчилася. Ми вирішили топити сніг... Потім у гуртожиток поруч поселили іноземних студентів. Їм привозили воду, і вони ділилися з місцевими. Одного дня, ближче до 16 березня, стояла за водою, дивлюся – люди щось несуть. У районі Бахчика була крамниця, і охоронці почали роздавати людям продукти. Коли я прийшла в магазин, то потрапила у фільм жахів. Нічого не видно, люди бігають із ліхтариками, один одному в очі світять, у залі величезна дірка після влучання снаряда... Я не змогла знайти овочів та фруктів, усе розгребли, але в морозильному відділі були м'ясні рулетики, печінка та інше. Ми з мамою все розподілили в пакети, собі залишили частину, а іншу віднесли сусідам.

I was born in Azerbaijan. We moved to Mariupol when I was 13 years old, so I've lived most of my life in Mariupol, in a suburb called Sartana. For a while, I lived in Russia as well; I even got married there. I urged my husband to come to Mariupol, arguing that it had more opportunities compared to the industrial town we lived in. This was back in the 90s. He refused to come with me. I never got married again.

My elder daughter worked at the Renaissance orchestra in Mariupol, and she taught violin in music school. I worked as a kindergarten teacher for over 20 years. The city was constantly developing. Everything was fine, we liked it here. Losing Mariupol feels like losing a part of myself. But I hope we can reclaim it.

I did not think there would be a full-scale war. My mother kept telling me the news and didn't look good, but I disregarded her. She did convince me to stock up on groceries, though. And then the war actually happened.

Sartana was hit for the first time on the 25th. Our basement had a steep descent, and my old parents could not climb down there. So we covered all the windows with mattresses and furniture and kept away from the outer walls.

On the 26th my sister called and said we could stay in her apartment in Mariupol: she had electricity, while Sartana no longer did. On the 28th, her husband picked me up, along with my younger daughter. Luckily, we took some food with us: there was no bread in the shops. We had money, but there was nothing to buy. My sister had two bags of flour and two bags of sugar, ten kilos each. This later saved my godmother, who stayed there after us.

By 2 March there was no light or gas in Mariupol, either. They brought us two bottles of water; we used it sparingly, but then we ran out. We started to melt snow. Then a group of foreign students were evacuated to a nearby dormitory. They were supplied with drinking water, which they shared with the locals. Around 16 March, I saw people carrying bags of stuff. There was a grocery shop in the Bahchik area, and the guards let people in. I went there, and it felt like a scene from a horror movie. It was dark, people were frantically moving around with flashlights, blinding each other, and there was a massive hole in the floor caused by a shell impact. I couldn't find any fruit or vegetables, but the freezer section still had some meat rolls, some liver, and other stuff. My mother and I put

У день, коли прилетіло у Драмтеатр, я сказала, що треба їхати, але батьки сказали, що сидітимуть удома. Я зрозуміла, що переконати їх не можна. А після 16-го літаки почали бомбити наш район, рознесло будинки поруч із нашим. Ми їли за столом у темряві поруч із вікнами. Я почула літаки й почала кричати, що треба бігти в коридор. Як тільки ми вийшли туди, то почули потужний вибух, навіть вибухову хвилю відчули. Ми не спустилися в підвал, бо його стан мені не подобався. Ми були б там поховані заживо.

Після цього я зрозуміла: якщо не виберемося звідси, то загинемо. Зв'язалася з донькою, а вона і каже, що біля «Комсомольця» забирають людей, і о 7-й ранку я пішла на місце збору. Вийшла на вулицю і побачила все. Бахчик знищений, дірки в асфальті, жах зруйнованих будинків. Забігала в під'їзди, а там усе у крові. Трупи лежали на лавках. Люди ховали сусідів у себе у дворі… Я прибігла до «Комсомольця», а там кажуть, що евакуації не буде, і запропонували підвал для ночівлі.

Потім нас повідомили, коли буде автобус. І, як ми йшли до того автобуса, усе почало літати. А ми повільно рухалися: дитина рюкзак наділа, і з нами ще кіт був, а він такий важкий… Я ще думала: «Боже, навіщо ти стільки їси?!». Коли прийшли на місце евакуації, виявилося, що автобус, на якому ми мали їхати, розстріляли. Ми повернулися додому, бо там була їжа і вода.

Потім дочка захворіла в підвалі. Її рвати почало, я думала, що вона помре від зневоднення. А я в тому підвалі підвернула ногу. Дитина з отруєнням, іти ніхто не може нікуди… Бомблять усе ближче, а евакуації немає та немає.

Ми виїхали з міста завдяки диву. Одного дня виходжу, а якийсь чоловік приїхав за сусідами. Я підбігла, питаю, чи можна взяти нас із собою: трьох дорослих та дитину. Він погодився. Усі залізли в «дев'ятку» і поїхали. Він нас вивіз до Дем'янова, а сам рухався далі на Запоріжжя. Я поїхала з ним, а батьків залишила в Дем'янові.

Звичайно, ми пережили жах. Я коли приїхала, то три місяці розмовляти не могла, увесь час плакала. Зараз можу більш-менш спокійно це розповідати.

Я готова повернутися в Маріуполь, якщо місто буде нашим. Працюватиму де завгодно і допомагатиму людям. Думаю, що люди самі повернуться. Вони чекають. Їм навіть не потрібна мотивація. Зараз багато людей залишаться без квартир, я гадаю, що я б взяла когось до себе пожити.

Не знаю, яким має бути новий Маріуполь, але він має бути не гіршим за старий.

the food into bags, kept part of it for ourselves, and gave the rest to our neighbours.

On the day the Drama Theatre was hit, I said we had to leave, but my parents refused to go. After the 16th, planes started bombing our district, and the buildings around were destroyed. We were eating at the table in the dark near the windows. I heard the planes and shouted that we need to run into the hallway. We barely made it when we heard a powerful explosion and felt the blast wave.

My parents finally agreed to leave. I learned that there was a gathering point near the Komsomolets, so at 7 in the morning we went there. The entire Bahchik district was destroyed, there were huge holes in the asphalt. The buildings were ruined, there was blood and dead bodies, people were burying their neighbours in the front yards… When we made it to the Komsomolets, there was still no evacuation, and they offered us the chance to stay in a basement for the night.

Then we were directed towards an evacuation bus, and that's when more bombing began. We couldn't move too fast: my daughter had a backpack, and we also had a cat with us. He was so heavy… 'Why do you eat so much?' I thought as the street was crumbling around us. When we got to the evacuation point, it turned out that the bus had been shelled. So we went back home because we had food and water there.

Then my daughter got sick in the basement. She started vomiting, and I was worried she might die from dehydration. I sprained an ankle and couldn't walk for a while. The bombing was getting closer, and there was still no sign of evacuation.

One day I went outside, and there was a man who had come for the neighbours. It was a miracle I met him. He agreed to take three more adults and a child. So we climbed into the car, and we drove off. He drove us to Demyanovo, where I left my parents, and he gave me a ride to Zaporizhzhia.

It was terrible what we went through. When I came here, I could barely speak for three months, and I cried all the time.

I'll return to Mariupol once it's ours again. I will take any job and help out in any way I can. Many people are willing to return, they don't need additional motivation.

I don't know what the new Mariupol should be like, but it should be no worse than the old one.

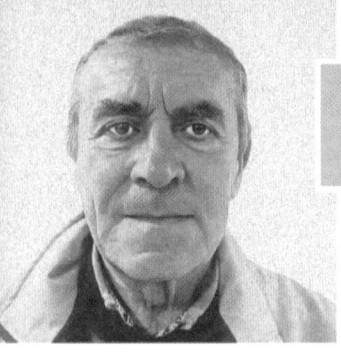

Микола, Одеса, 67
Mikola, Odesa, 67

Життя було, як у всіх нормальних людей. Жив у Сартані, під Маріуполем. Працювали, будували будинки. Я будівельник, тесля, на пенсії вже, але допомагав будувати. Працювали нормально, жили спокійно. Усе було налагоджено, онуки росли, усе гаразд, і тут війна.

І все зійшло нанівець.

Я не вірив у напад. Думав, просто обійдеться. 24-го особливо по Сартані й не стріляли, це 25-го все полетіло. А 24-го минуло спокійно, більш-менш. Щось там стріляло, як завжди – але ми звикли за багато років, що 'град' десь стріляє чи гармата якась.

А ось 25-го почалося. Полетіли ці бомби, літаки... загиблі в нас були. Наш будинок кутовий. Я виглядаю, а там дві «швидкі» – одна зверху їде, інша туди, на місце вибуху. Зупинилися, один питає: «Ну, що там?». А йому: «Четверо загиблих, шестеро поранених».

Ми поїхали з Сартани 27-го після того, як бомби полетіли. Спершу пролетіла пара літаків – і тиша. Думав, може зупинилися. А потім почали летіти та летіти. Саме бомби. Ми чули «гради», міномети чули багато років, це для нас нічого. А то бомби. Бомби це страшно. Падає – вулиці немає.

Ми виїхали в Маріуполь до друзів. Вони жили поряд із портом. З вікна прямо корабель було видно; здається, не було прапора. Сказали – «іноземне судно». Літаки літали просто над головою в порту. Адже там, прямо поруч, метрів триста – і будинки житлові. Доріжка вузька понад парканом – і відразу порт. Але на сам порт не кидали бомби. Ми думали, що нічого й не буде, бо корабель іноземний. Ми там три тижні побули у друзів, а поїхали з Маріуполя наступного дня після Драмтеатру. Люди з міста, які неподалік центру жили, розповіли, що там труба, немає більше театру – ми, перелякані, й поїхали.

Перед цим я їздив до міста числа 6 чи 7 березня, за онуками. Онуки були на квартирі біля кумів. Проїжджаю повз магазин «1000 дрібниць», а там швидка допомога розбита, і по краю дороги люди лежать. І черга стоїть за водою чи по хліб – я з машини не роздивився, не знаю. І відразу трупи поруч, на тротуарі, після обстрілу, а на перехресті розбиті машини. А перед заїздом мене ще зупинила поліція: ви куди? Я вже знав, що на 17-й мікрорайон не можна. Але сказав, що мені треба ближче, не доїжджаючи до 17-го, і мене пропустили. Приїжджаю до онуків, а вони з підвалу виходять заплакані... живі. Це був найяскравіший момент.

I lived an average life in Sartana, near Mariupol. I had a job in construction: I'm a carpenter, already retired, but I helped build stuff. We worked hard and lived in peace. Everything was fine; I watched my grandkids grow up, and then the war came.

And everything fell to pieces.

I didn't believe they'd invade. I thought we could just wait it out. Especially on the 24th, when they hadn't yet bombed Sartana. It was the 25th when everything went up in smoke. The day before, it looked like nothing special. There was some noise, but over the years we had grown used to the sounds of shelling and the cannonade in the distance.

For us, it started on the 25th. The bombs, the planes... There were casualties. Our house is on the corner. I looked out and saw two ambulances. One was on its way out of town, and the other was heading towards the explosion. They pulled over, and one driver asked the other what was going on, and he responded there were four dead and six injured.

We left Sartana on the 27th after the bombs started flying. First there were just a couple of planes, then silence. I thought maybe it was over. But then more and more came, and they were bombing us. We were used to the 'grads' and the mortars; they don't scare us. But these were bombs. Bombs are scary. If one hits your street, boom, it's gone.

We went to our friends' place in Mariupol. They lived near the port. From the window you could see a ship; I don't think it had a flag, so someone said it was a foreign ship. Planes were flying right over our heads. The residential block started a mere 300 or so metres from the port, connected by a path that went through a fence. And they didn't bomb the port itself, so we thought we were safe as well, as long as an expensive foreign ship was docked there. We stayed with our friends for three weeks and left Mariupol the day after the Drama Theatre was destroyed. People who lived near the centre told us the theatre had just been hit. That terrified us, and we left.

Before that, I went to the centre on 6 or 7 March, to get my grandkids. They were staying with their godparents. As I passed the '1000 Melochei' store, I saw a trashed ambulance and bodies lying by the curb. Nearby on the pavement, people were queuing for water or maybe bread. The living and the dead were side by side after the shelling, and there were smashed cars at the intersection. The police pulled me over and asked where I was going. I already knew that the 17th district, where

Я одного разу помітив – ми якось по воду пішли, ще коли в порт тільки переїхали – БТР там стояв на початку вулиці, наш, український, рябий такий, не новий. Я ще звернув увагу, колеса брудні. А потім, уже числа 10 чи 11 березня, іду, дивлюся – стоїть новий БТР. Наче його тільки із заводу взяли і поставили сюди, щоправда, трохи в іншому місці. Навіть колеса чорні, як олією пофарбовані. Я ж знаю, як виглядає на машині, якщо маслом намажеш. У нашому БТРі я наших солдатів бачив, вони ходили навколо. А в цих – зачинено з усіх боків, ні дверей, ні вікон, нікого немає. А БТР стоїть. Абсолютно новий. Я говорю, пацани, більше за водою не ходимо.

Води в нас залишалося небагато. Якраз допили й поїхали. Уже наших не було блокпостів, російські були. На виїзді з міста вже був російський блокпост.

Звичайно, я повернуся до Маріуполя після звільнення. Там мій дім.

Важливо зробити, щоб людям було кудись повернутися, було де жити. Треба одразу після деокупації ті будинки, які більш-менш стоять, відновити, зробити хоч тимчасове житло, аби людям, в кого більш немає свого житла, було куди приїжджати. Інакше вони не поспішатимуть повертатися. А якщо людині є куди приїхати і десь зупинитися, нехай навіть у родичів, у знайомих, то люди повернуться, їх повертатиметься дедалі більше.

А робота, що робота? Відновлюй, заробляй. Відновлення – теж робота. Будувати треба буде багато, ремонтувати.

Я вірю, що Маріуполь відбудують. Може, не такий великий. Щоправда, тепер екологія є, але якщо робити курорт, скільки там людей треба для обслуговування відпочивальників? Виробництва більш немає. Хоча на дим ми вже надивилися в Маріуполі. Я думаю, краще курортну зону зробити біля моря. Заводів досить, заводів набудували свого часу. Навіщо Азовсталь, завод Ілліча зараз потрібні в центрі? Так будували раніше, коли не думали, що розростеться місто. Батьки розповідали, як навколо заводу будинки будувалися разом із доменною піччю. Доменна піч – і будинки поруч.

Зелене місто в нас було. Гарне місто. Особливо останнім часом. Квітів було багато, парки були гарні… Але, я думаю, буде не гірше. Відбудуємо.

Дай Боже, щоб усе закінчилося.

I was headed, was closed off, but I lied that my destination was just beyond it, so they let me through. So I made it, and watched my grandchildren climb out of the basement and run towards me. They were crying, but they were alive. That was the most vivid moment.

Back when we were staying near the port, I went looking for water one day and saw an old Ukrainian armoured personnel carrier (APC) parked at the beginning of the street. The wheels were dirty. And around 10 or 11 March, I saw a brand-new APC fresh from the factory, albeit it was standing in a slightly different place. The wheels were so black, as if coated with oil. I know what it looks like when a vehicle is coated with oil. And I saw soldiers hanging out near the Ukrainian APC, while this one was closed, no doors, no windows, no one in sight. But there it was. So I said to our friends, guys, we're not taking that road to fetch water anymore.

We still had some water left. We started our journey the day we ran out. All the checkpoints were already under Russian control.

Of course I will return to Mariupol when it is liberated. It's my home.

It's important to make sure people have somewhere to return to, some place to live. Right after liberation, the buildings that are more or less intact need to be turned into temporary housing, so that those who no longer have homes have somewhere to go. Otherwise, they won't be in a hurry to return. But if people have somewhere to come and stay, even with relatives or friends, they will return, so more and more people will gradually come back.

Finding a job shouldn't be an issue. There'll be plenty of work during rebuilding. So if you need money, you'll find it in reconstruction projects.

I believe that Mariupol will be rebuilt. Perhaps it won't be as big anymore. Ecology is important, but if we turn the city into a resort, will there be enough jobs in catering for the holidaymakers? We don't have our manufacturing plants anymore. But then, Mariupol is tired of industrial pollution. Let it become a seaside resort. Enough factories were built back in the old days. Azovstal and the Ilyich steel plants shouldn't be in the city centre, anyway. They were built there because nobody thought the city would grow so big. My parents used to tell me how residential buildings sprang up right next to the blast furnace. It was a surreal sight.

Our city was green and beautiful. Especially before the invasion. We had gorgeous parks and flowerbeds. But I believe the new city will be no worse. We will rebuild.

I just want the war to be over.

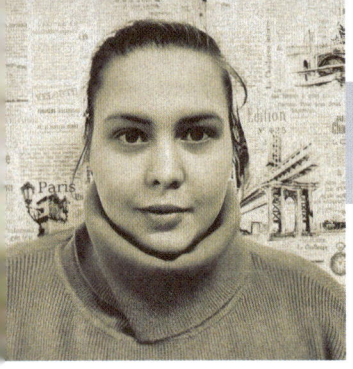

Оксана, Львів, 21
Oksana, Lviv, 21

Я навчалася в Маріупольському музичному коледжі, надалі пішла працювати керівником вокального гуртка в Лівобережному будинку творчості, працювала з дітьми, мене все влаштовувало. Я ще років п'ять хотіла на цьому місці залишитися, а надалі переїхати до Львова.

Ми жили у приватному секторі біля центрального ринку, на Казанцева. Мені подобалося в Маріуполі. Увесь центр можна обійти пішки, все знаєш… Всюди дуже вільно почуваєшся. У будинку творчості я мала не дуже велику зарплату, 9 000 грн, однак мені вистачало навіть якусь частинку відкласти, ще й погуляти, ще й щось собі придбати.

Я ходила до моря, коли до нас приїжджали родичі зі Львова. І ще з подружками могла виїхати, релакс зловити. Зараз моря не вистачає. Але найбільш бракує людей навколо.

Я зовсім не вірила в повномасштабну війну. Я панікерка, тож була впевнена, що якби розпочалось, то я б вже в першому вагоні їхала до Львова. Але я вірила, що буде як в 2014-му, тож переживу.

24-го директорка написала: «Сьогодні не виходимо». Я 25-го ще перепитала, чи потрібно виходити: я дуже відповідальна людина, боялася, що всі прийдуть, а я ні. В березні, 20-го чи 21-го, в будинок творчості потрапили дві авіабомби.

Ми чули, що біля Драмтеатру всі збираються, приїхали туди — і не зустріли жодної душі. Драмтеатр стояв розвалений. Я бачила напис «ДІТИ», але це часто пишуть і на машинах, і задля безпеки. Я не знала, що там були люди всередині. Ніхто не розбирав завали. Тому моє серце навіть не зойкнуло. Ну, от поки не виїхала і не прочитала новини.

У нас через вулицю був будинок, де 20-го лютого помер зооволонтер. У його притулку було понад 20 собак, коти, голуби, і там залишилася тільки одна жінка. Їй треба було допомогти. Найяскравіший був момент, коли я для цього вираховувала, як часто літають літаки. Літали кожні 5–7 хвилин. Тобто в мене було 5 хвилин, щоб добігти через вулицю, занести в притулок їсти. 17-го я теж хотіла забігти, сказати, що я їду, і ще передати їжі. Але вже не встигла.

17 березня вночі, о 1:45 я почула сильний вибух. Бомба розірвалась у кількох метрах від нашого будинку. Я думала, що повалилася хата, і закричала: «Дядю Сашо!» — я так вітчима кличу, а він: «Тихо, тихо, Оксано, усі живі». Літаки летіли один за одним до 2:30 ночі. До мене собака забіг, я його тримаю, а мене трясе, і я просто молюся, молюся, молюся… Потім

I studied at Mariupol Music College, then found a job as a children's singing teacher at the *Left Bank Creativity Club*. I was satisfied with everything. I wanted to stay in Mariupol for five more years and then move to Lviv.

We lived in a private house between the wholesale and central markets, on Kazantseva Street. I liked it there. I liked the city centre and how familiar everything felt. My salary wasn't huge, just 9000 UAH, but it was enough for me to have a little fun, buy stuff I wanted, and even save a bit.

I would go to the sea with my friends or when our relatives from Lviv came to visit. I miss the sea. But most of all, I miss having my friends within reach.

I didn't believe a full-scale would happen. I'm a panicky person, so I was sure that if it started, I'd be on the first train to Lviv. But I believed it would turn out like in 2014, so I stayed.

On the 24th, my boss texted me to stay home. On the 25th, I asked her if we should go back to work yet: I still didn't get it. On 20 or 21 March, two air bombs hit the club building.

We heard everyone was gathering near the Drama Theatre for evacuation, so we went there. But we didn't meet a soul. The theatre stood in ruins. I saw the 'CHILDREN' sign on the ground but didn't realise it meant there were people inside; no one was clearing the debris. It was only later that I found out the truth.

Across the street from us was a private animal shelter. The owner died just before the invasion. He had over 20 dogs, some cats, and pigeons there, and now only one volunteer was looking after them. She needed help. I remember counting how often the planes were flying above us. It was every 5–7 minutes. So I had only 5 minutes to run across the street and bring them some food.

On 17 March, at 1:45 am, a bomb exploded a few metres from our house. It felt like our walls had collapsed. But luckily, everyone survived. They kept bombing us until 2:30 am. I was holding my dog, shivering with fear, and praying frantically. Then I told my mom, stepdad, and grandmother that if we stayed for another day, we'd be dead. Most buildings on our street were destroyed. Our house needs major renovation, but the walls are intact.

встала і сказала мамі, вітчиму, бабусі, що якщо ми ще на день залишимося, то завтра не прокинемося. У нас на вулиці будинки через один були зруйнованими. Наш потребує глобального ремонту, але стіни стоять.

У мене було двоє собак. Одного ми забрали, а другому 18-й рік пішов, він би дорогу не переніс. Якби я не знала, що за ним будуть доглядати, я б і кроку не зробила звідти. Бо для мене це зрадництво. Але за ним досі доглядає друг вітчима, фото та відео надсилає, за будинком наглядає також. Тож я зі спокійною душею поїхала.

Ми їхали до Львова, тому що в нас тут родичі й було де залишитися: у нас тут давно є квартира. Мені в цьому питанні пощастило.

Я хотіла б повернутися в Маріуполь, але, по-перше, я маю розуміти, що в місті гарна оборона. По-друге, там для мене має бути робота. Тобто я навчала діток, а зараз я адміністраторка, і це кардинально інша сфера. Я дуже хочу і далі з дітьми працювати, саме в музичній галузі. Ще потрібна нормальна заробітна плата. І важливо, щоб було житло. Черга чи щось ще — але не так, щоб на десятиліччя. Якщо буде якась компенсація і буде перспектива, то можна повертатись. Але якщо цих пунктів не буде, то я не повернусь, напевно, найближчі кілька років. Найголовніший із них — безпека.

Якщо люди побачать, що в місті реалізується якийсь план відновлення, вони будуть повертатися. Треба, щоб в перші місяці відновили світло, газ та воду, і паралельно розміновувати територію, хоча б частину, де ходитимуть діти. Якщо люди будуть бачити, що йдуть роботи, люди повертатимуться, а якщо буде робота, то люди й з інших міст поїдуть заробляти. А надалі можуть і залишитися, подивившись, як там круто.

Я б хотіла, щоб у місті були багатоповерхівки із крутим бомбосховищем, як у Швейцарії та Ізраїлі. Хотіла б бачити нові сучасні школи й дошкільні заклади. У моєму будинку творчості в мене було фортепіано ще тих часів, і колонка через раз працювала. Державні заклади не мають відставати від приватних, вони теж мають бути сучасними, щоб люди з маленькою зарплатою могли привести дитину в гідні умови, щоб була реальна рівність.

Ще треба відновити цінні місця: Драмтеатр, будинок із годинником. І треба, щоб усі пам'ятки були на своєму місці, а не там, де зараз їх краще зробити. Щоб зберегти історичність. Я розумію, що це буде вже інше місто. Але маріупольці любили місто, яким воно було, і треба, аби щось старе було відновлено.

I had two dogs. We took one with us, but the other one was 18 years old, he wouldn't have survived the journey. If I didn't know someone would take care of him, I wouldn't have left because that would have been betrayal. But my stepfather's friend is still looking after him, sending photos and videos, and he's also taking care of the house.

We went to Lviv because we have relatives here and we had a place to stay: we're lucky to own an apartment here.

I want to return to Mariupol, but I have to know for sure that the city is safe. And I must know I'm going to find a job as a children's music teacher, like before. Right now, I'm an administrator, which is completely different. I really want to continue working with children as a teacher. Naturally, the salary has to be okay, and I need a place to live. I understand I'd have to wait for the city to be rebuilt, but I can't wait for a decade. Safety is paramount.

If people see that there's a reconstruction strategy and that it's being implemented, they'll start coming back. Electricity, gas, and water have to be available within the first months after liberation, and the city has to be cleared from landmines, especially the parts where children walk. If Mariupolis gets rebuilt and there are jobs available, the people will come back and new people will come.

I want the new buildings to have proper bomb shelters, like in Switzerland and Israel. And I want modern schools and kindergartens. Back in the club, we had a Soviet-era piano and other faulty equipment. Public institutions shouldn't lag behind private ones, they should also be modern. All children should study in a decent environment. We need real equality.

It's necessary to restore our places of interest, like the Drama Theatre and the clock house. And they should be in their old places, not where it's more rational to have them now, for the sake of historical authenticity. I understand that it will be a different city, but the people of Mariupol loved the city as it was, and something that's old needs to be restored.

5 ПОВЕРНЕННЯ
RETURN

ПОВЕРНЕННЯ | RETURN

5.1 Найсхідніша брама Європи | Europe's easternmost gateway
5.2 Робочі місця | Jobs
5.3 Нова житлова політика | New housing policy
5.4 Освіта | Education
5.5 Охорона здоров'я | Healthcare
5.6 Фестивальний та спортивний туризм | Festival and sports tourism
5.7 Курортне місто | Resort town
5.8 Меморіальний туризм | Memorial tourism

- Національна та міжнародна впізнаваність
- Сприятливий клімат
- Близькість до морських та сухопутних транспортних коридорів для торгівлі
- Природна краса та рельєф
- Зобов'язання ЄБРР та інших донорів
- Стратегічне розташування
- Лінія різноманітних пляжів

- Масштаб руйнувань
- Втрата базових галузей промисловості
- Руйнування соціальних мереж
- Фізична та емоційна травма
- Залишкове забруднення довкілля
- Пошкодженні залізничні та інші транспортні коридори
- Нестача критичної маси населення робочого віку

- Штаб-квартири міжнародних неурядових організацій
- Розширення напівавтоматизованих портових потужностей
- Промисловий та розподільний кластер порту
- Екологічне відновлення та інновації
- Чисті технології та економіка
- Переробка шлаків та металобрухту
- Пляжний туризм
- Меморіалізація, освіта та національне зцілення
- Паромні зв'язки з Азовським, Чорним морем та Кримом
- Модернізація системи освіти
- Модернізація сервісів охорони здоров'я
- Сталі архітектура та ландшафтний дизайн
- Виставковий майданчик для архітектурних показів

- Поновлення ворожих дій з боку Росії
- Підвищення рівня моря
- Потенційна наявність сепаратистських елементів
- Невизначена кількість людей, що повернуться
- Доступ до чистої води
- Нерозірвані боєприпаси
- Структурна цілісність залишившихся будівель
- Опустелення

Strengths

- National and international recognition
- Favourable climate
- Proximity to maritime and land corridors for trade
- Natural beauty and topography
- Commitments by EBRD and other donors
- Strategic location
- A string of varied beaches

Weaknesses

- Scale of destruction
- Loss of base industries
- Destruction of social networks
- Physical and emotional trauma
- Residual environmental pollution
- Damage to railway and other transport corridors
- Lack of a critical mass of working-age population

Opportunities

- Headquarters of international NGOs
- Expanded semi-automated port facilities
- Industrial and distribution cluster tied to port
- Ecological recovery and innovation
- Clean technology and economy
- Processing of slag and scrap metal
- Beach tourism
- Memorialisation, education, and national healing
- Ferry connections with Azov Sea, Black Sea, and Crimea
- A modernised education system
- A modernised healthcare service
- Sustainable architecture and landscape design
- A showcase for architecture

Threats

- Resumption of hostilities by Russia
- Sea level rise
- The potential presence of separatist elements
- Uncertainty concerning numbers of returning people
- Questionable access to clean water
- Unexploded ordinance
- Structural integrity of remaining buildings
- Desertification

5.1 Найсхідніша брама Європи

На прикладі швидко зростаючих міст Китаю можна зробити висновок, що ключовим чинником збільшення міст є пропозиція робочих місць. Реалізація цього проєкту сприяє створенню окремих галузей та індустрій.

За даними стратегії розвитку Маріуполя до 2030 року:

- Чисельність населення, зайнятого в усіх сферах економічної діяльності (близько 40% від загальної кількості населення міста), — 200 тис. осіб.
- Кількість найманих працівників за структурою зайнятості у 2019 році — 93 тис. осіб.
- Чисельність зареєстрованих безробітних у 2020 році — 3 962 особи.

Основною галуззю господарського комплексу була промисловість (близько 26% усіх зайнятих), котра в поєднанні з організаціями будівельної індустрії та транспорту створює виробничий каркас міста (в індустрії будівництва зайнято близько 6% працюючого населення міста, в галузі транспорту — 3%).

За нашими прогнозами після звільнення Маріуполя структуру робочих місць міста буде базово забезпечувати діяльність нового порту та припортова переробка, відновлення роботи заводу ім. Ілліча, туризм, IT та сфера послуг. Також у пріоритетах має бути розвиток зеленої економіки, чистої металургії, блакитної економіки та фармацевтики.

Першим флагманським проєктом відновлення економіки є будівництво та експлуатація нового порту, який оброблятиме контейнери та перевантажуватиме навалювальні вантажі на додаток до існуючих операцій з насипними вантажами.

Europe's easternmost gateway

Based on the example of China's fast-growing cities, we may conclude that the key factor in urban growth is the supply of jobs. The implementation of this project will contribute to the creation of certain industries and economic sectors.

The Mariupol Development Strategy:

- notes that the number of employees in 2019 was 93,000;
- notes that the number registered as unemployed in 2020 was 3,962;
- forecasts that by 2030 the number of people employed in all spheres of economic activity (about 40% of the city's total population) will be 200,000.

The main branch of the city's economy was manufacturing (accounting for about 26% of all employed). In combination with the construction and transport industries, manufacturing constituted the city's production framework (about 6% of the city's working population was employed in the construction industry, and 3% in the transport industry).

According to our forecasts, after the liberation of Mariupol, the city's job structure will be enhanced by the new port and port-related industries, by the resumption of activity at Ilyich Iron and Steel Works, and by tourism, IT, and services. Other priorities may include the development of the green economy, clean metallurgy, the blue economy, and pharmaceuticals.

The first flagship project for the city's economic recovery will be the construction and operation of a new port that will handle containers and transship bulk cargo in addition to existing bulk cargo operations.

Трансформація від моноекономіки до мультиекономіки
Transformation from a mono-economy to a multi-economy

5.2 Робочі місця

Галузі, які вже працювали до війни і які необхідно відновити (в тій чи іншій формі) для їхнього відродження:

- Металургія.
- Моряки та портові вантажники.
- Діяльність військових баз.
- Будівництво.
- Вища освіта.
- Торгівля
- Охорона здоров'я.
- Фінансові послуги.
- Виробництво продуктів харчування та напоїв.
- ІТ.

Галузі, які можна розгорнути як результат їхніх зв'язків з існуючими галузями (продуктовий простір) та унікальних географічних можливостей:

- Машинобудування.
- Виробництво та відновлення/ремонт озброєння та військової техніки.
- Виробництво металевих конструкцій та елементів будівель.
- Суднобудування та судноремонт.
- Рибна промисловість.
- Вирощування аквакультури та переробка морепродуктів.
- Хімічна промисловість (переробка лікарських рослин).

Можливі нові базові галузі, які можуть з'явитися в результаті реалізації проєкту «Візія Маріуполь»:

- Нові контейнерні портові операції.
- Міжнародний логістичний хаб та ЗВТ.
- Оптова торгівля.
- Виробництво будівельних матеріалів, у тому числі шляхом переробки шлаків.
- Морський туризм, включаючи вітрильний, поромний та круїзний.
- Меморіальний туризм.
- Медичний туризм.
- Фестивальний туризм.
- Розваги та спорт.
- Інформаційні технології та телекомунікації.
- Енергетика та виробництво електроенергії з відновлюваних джерел.
- Науково-дослідницький сектор та інноваційні технології.
- Ресайклінг та пов'язані технології.

Jobs

Industries that were already operating before the war and need to be restored (in one form or another) for their revival:

- metallurgy
- port sailors and cargo workers
- activities of military bases
- construction
- higher education
- trade
- healthcare
- financial services
- food and beverage production
- IT

Industries that can be launched as a result of their connections to existing industries (product space) and unique geographic opportunities:

- mechanical engineering
- restoration work / repair of weapons and military equipment
- production of metal structures and building parts
- shipbuilding and ship repair
- the fishing industry
- aquaculture and seafood processing
- chemical industry (processing of medicinal plants)

Possible new fundamental industries that may emerge as a result of the Vision for Mariupol project:

- new container port operations
- international logistics hub and free trade zone
- wholesale trade
- production of construction materials, including through slag processing
- maritime tourism, including sailing, ferries and cruises
- memorial tourism
- medical tourism
- festival tourism
- entertainment and sports
- information technology and telecommunications
- energy and electricity generation from renewable sources
- research and development sector and innovative technologies
- recycling and related technologies

Перехідні галузі під час реконструкції:

- Будівництво нового контейнерного порту.
- Перенесення існуючих портових операцій з перевалки навалювальних вантажів на новий портовий майданчик.
- Перепрофілювання та утилізація металургійних шлаків.
- Очищення забруднених територій від минулих промислових забруднень та наслідків війни.
- Будівництво нової системи громадського транспорту в місті.
- Реконструкція та відновлення житла.

Можливі джерела непрямої зайнятості в промисловому кластері за наявності нових базових галузей, наприклад контейнерного порту та потоку товарів через місто:

- Легка промисловість.
- Електротехнічна промисловість.
- Виробництво контейнерів за стандартом ISO.
- Виробництво морського обладнання, устаткування та приладів для суден.
- Готельний та ресторанний бізнес.

Transitional industries during reconstruction:

- construction of a new container port
- transfer of existing port operations for transshipment of bulk cargo to a new port site
- repurposing and utilisation of metallurgical slag
- cleaning up contaminated areas from past industrial pollution and the effects of war
- construction of a new public transportation system in the city
- reconstruction and restoration of housing

Possible sources of indirect employment in the industrial cluster in the presence of new fundamental industries, such as a container port and the flow of goods through the city:

- light industry
- electrical engineering
- production of containers to ISO standards
- production of marine equipment and equipment and devices for ships
- hotel and restaurant business

Фото: Центр розвитку стартапів "1991" | Photo: 1991 start-up centre

5.3 Нова житлова політика

Місто опинилось у правовому хаосі. Більшість багатоповерхового житла зруйнована. У тому, що залишилось, частина квартир закинута, власників ще частини вбито окупантами. Рішення, які в нормальній ситуації мають ухвалювати мешканці, нема кому ухвалити.

Громада за законом стає власником всієї відмерлої (незатребуваної) спадщини, проте у випадку безвісно відсутньої людини визнання її померлою, відкриття спадщини і отримання права її продати займає не менше 7 років. При цьому на весь цей період громада стає опікуном і розпорядником майна.

Це означає, що місто стає оператором великого фонду житла, і цю можливість варто використати для запуску системи соціального житла за прикладом європейських міст — оренда квартир за довгостроковими договорами на рівних для містян умовах.

Найвідомішим успішним прикладом системи соціального житла є Відень, де в ньому проживає більше 60% містян, а саме житло відомо вкрай високим рівнем якості. Модель вважається провідним прикладом того, як міста можуть успішно вирішувати проблеми забезпечення доступним житлом, зберігаючи при цьому високу якість життя жителів:

- Інтеграція жителів з різним рівнем доходів у межах одного житлового комплексу.
- Високоякісна архітектура та дизайн, розроблені на конкурсній основі.
- Стабільні орендні ставки та довгострокова доступність житла для мешканців незалежно від рівня їхнього доходу.
- Екологічно чисті методи будівництва та сприяння екологічному способу життя.
- Право голосу та широка участь орендарів в управлінні та обслуговуванні своїх будинків.
- Державно-приватне та муніципально-приватне партнерство для створення проєктів доступного житла.
- Проактивна роль муніципалітету у плануванні, фінансуванні та управлінні соціальним житлом.
- Планування та забудова

Місто не зможе відновити забудову при неможливості затверджувати необхідні рішення щодо приватної власності в законний спосіб. Місцевому самоврядуванню потрібні перехідні повноваження щодо прийняття рішень, насамперед право приймати рішення щодо закинутої власності та право вилучати власність на територіях проєктів розвитку з відповідною компенсацією в натуральній чи грошовій формі.

New housing policy

The city will be in legal chaos. Most of the multi-storey buildings have been destroyed. Some of the remaining apartments have been abandoned, and the owners of others have been killed by the occupiers. There is no one to make the decisions that need to be made by residents in a normal situation.

By law, the community becomes the owner of all escheated (unclaimed) inheritance, but in the case of a missing person it takes at least seven years to declare him or her dead, release the inheritance, and acquire the right to sell it. At the same time, the community becomes the guardian and administrator of the property for the entire period.

This means that the city is becoming the operator of a large housing stock. This opportunity should be used to launch a social housing system similar to in European cities, whereby apartments are rented out to citizens under long-term contracts and on equal terms.

The most famous successful example of a social housing system is Vienna. The system provides housing for more than 60% of the city's residents, and the housing itself is known for its extremely high quality. This model is considered a leading example of how cities can successfully solve the problem of providing affordable housing while maintaining a high quality of life for residents. Its features include:

- integration of residents with different income levels in the same residential complex;
- high-quality architecture and design developed on a competitive basis;
- stable rental rates and long-term affordability of housing for residents, regardless of their income level;
- environmentally friendly construction methods and promotion of an eco-friendly lifestyle;
- the right to vote and extensive participation of tenants in the management and maintenance of their buildings;
- public-private and municipal-private partnerships to create affordable housing projects;
- the municipality takes a proactive role in planning, financing and managing social housing.

Planning and development

The city will not be able to resume development if it is unable to approve the necessary decisions regarding private property in a legal manner. Local governments need transitional decision-making powers, primarily the right to make decisions on abandoned property and the right to seize property in areas where there are development projects with appropriate compensation in kind or in cash.

5.4 Освіта

При відбудові міста з'являється унікальний шанс на оптимізацію освітньої структури.

З точки зору принципів реформи освіти, яка розгортається сьогодні в Україні, для дошкільних закладів, молодшої та середньої школи принципово важливою є доступність. Тому ми пропонуємо передбачити пішу доступність до дитячих садочків не більшу за 5 хв., до молодшої й середньої школи — не більшу за 10 хв. При новому будівництві окрему увагу варто приділити моделі вбудовано-прибудованих дитячих садочків та створенню спільного спортивного ядра школи та забудови поруч.

На рівні старшої школи найвищі результати показує система з відокремленими старшими школами (ліцеями) розміром в 300-400 учнів. Комплексна мережа таких профільних академічних або професійних ліцеїв має розбудовуватись на основі об'єднаної мережі шкіл та ПТУ.

На перших етапах після деокупації варто розглянути концентрацію освітньої функції в меншій кількості шкіл і використання шкільних автобусів для учнів.

На рівні вищої освіти пропонується в рамках стратегії підвищення якості вищої освіти об'єднати всі цивільні університети Маріуполя в єдиний класичний університет, інтегрований з медичним кластером.

Територіальним ядром такого університету має стати територія ПДТУ. Також такий учбовий заклад міг би отримати нову територію в центрі міста з високим потенціалом:

- територія медичного містечка з новим міським госпіталем (клінічною базою для медичного факультету);
- територія на фронті Грецької площі, що була забудована мерією міста та інститутом «Гіпромез», має потенціал для побудови нового головного корпусу університету;
- змичка між кварталом ПДТУ та територією медичного містечка на місці зруйнованих будівель на початку проспекту Нахімова.

Education

The reconstruction of the city offers a unique chance to optimise the educational sector.

Accessibility is crucial for preschools and primary and secondary schools. We therefore propose limiting the walking distance to kindergartens to no more than five minutes, and to primary and secondary schools to no more than ten minutes. In new construction there should be a special focus on building kindergartens on the ground floors of residential buildings and on creating a common sports core for the school and neighbourhood.

At the high-school level, the best outcomes are in systems with high schools (lyceums) of 300–400 students. A comprehensive network of such specialised academic or vocational lyceums should be built on the basis of a unified network of schools and vocational schools.

In the first stages after de-occupation, it is worth considering concentrating the educational function in fewer schools and using school buses for students.

At the level of higher education, it is proposed to merge all civilian universities in Mariupol into a single classical university integrated with the medical cluster as part of a strategy to improve the quality of higher education.

The territory of Pryazovskyi State Technical University should become the core area for a new university.

Also, the university can be expanded:

- on the territory of the medical campus, together with a new city hospital (as a clinical base for the medical faculty);
- by using the area at the front of Greek Square, which is built up with the city hall and the Gipromez Institute, to build a new main university building;
- by creating a link between the PSTU quarter and the medical campus on the site of the destroyed buildings at the beginning of Nakhimov Avenue.

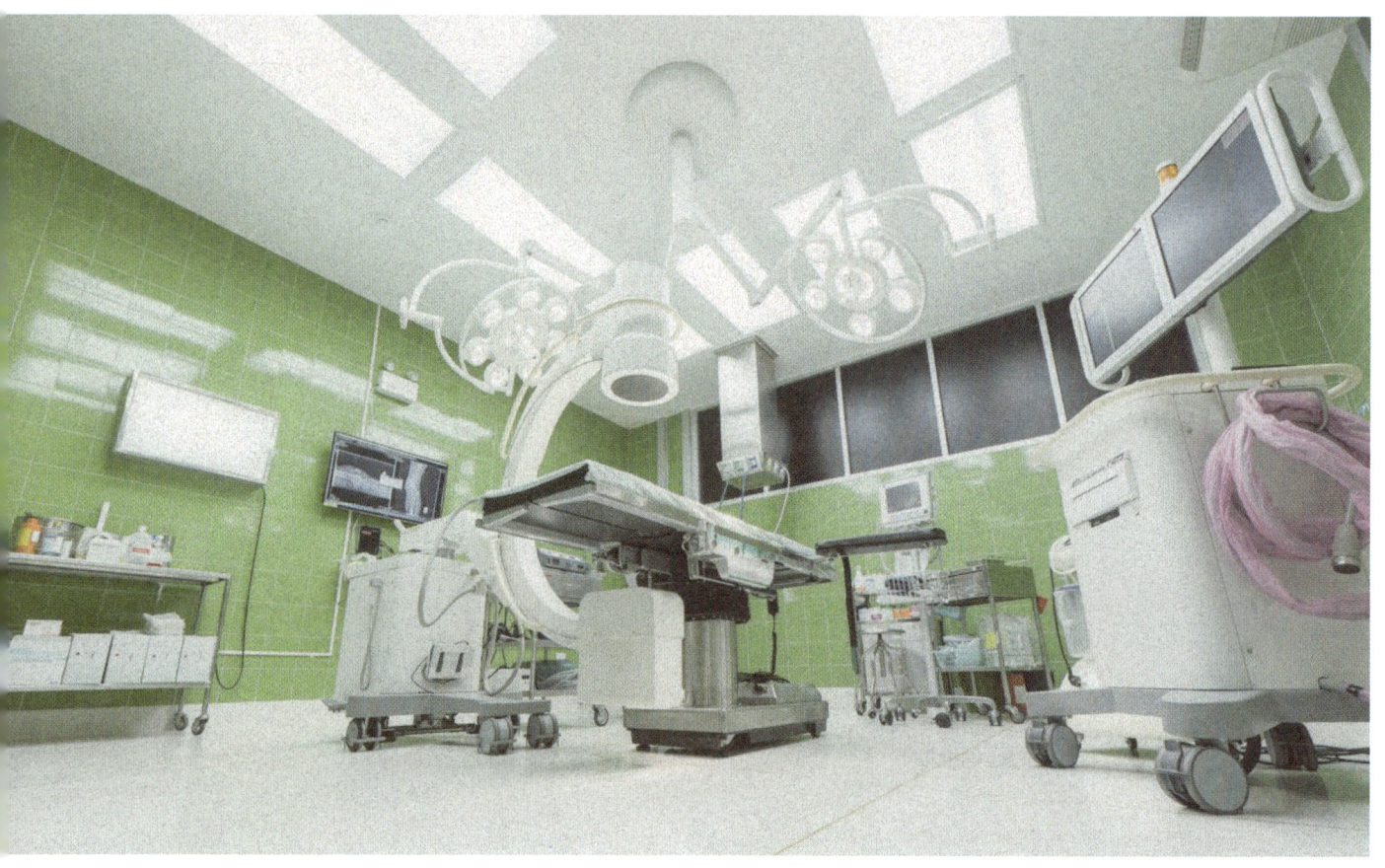

5.5 Охорона здоров'я

Відновлення системи охорони здоров'я варто поєднати з централізацією госпітальної ланки і децентралізацією первинної медичної допомоги. Для цього, як і було заплановано, необхідно побудувати єдиний медичний центр, розрахований на 250 тисяч мешканців з земельними ресурсами для подальшого зростання вдвічі. Державою було затверджено нові ДБН медичних закладів, розроблені разом зі спеціалістами з Нідерландів, що відкриває можливості для високого рівня комфорту в майбутньому госпіталі. Особливу увагу варто приділити публічним просторам у лікарні та навколо.

Healthcare

Restoration of the healthcare system should go hand in hand with centralisation of the hospital system and decentralisation of primary healthcare. To do this, it is necessary to build a single medical centre for 250,000 residents with a reserve of land that can be used to double its size in the future. The government has approved new State Building Standards for medical facilities, developed together with experts from the Netherlands. Special attention should be paid to public spaces in the hospital and hospital area.

5.6 Фестивальний та спортивний туризм

Маючи море, історію та нову інфраструктуру відпочинку, Маріуполь може претендувати на проведення масштабного національного фестивалю та міжнародного фестивалю середнього формату.

Хоча використання території «Азовсталі» для таких активностей є делікатним питанням у зв'язку зі свіжістю травми, ця територія є ідеальною для проведення фестивалей, оскільки поєднує віддаленість від житлової забудови, наближеність до транспортних комунікацій, моря та річки, культовість місця та мегалітичні промислові конструкції навколо. Трансформація території «Азовсталі» буде тривалою, тому у міста буде час визначитись, в який момент проведення масових активностей на цій локації стане можливим і доречним.

Як альтернативну центральну локацію для фестивалей меншого розміру можна розглядати об'єднаний кластер центрального пляжу і Приморського парку.

Вибір таймінгу для фестивалей є питанням аналізу конкурентного середовища. Маріуполь тяжіє до організації літніх пляжних фестивалей, проте з точки зору збільшення довжини туристичного сезону і з урахуванням періодів квітування типових видів дерев у місті ми рекомендуємо проводити один з фестивалей у період цвітіння акацій (травень), а інший — у бархатний сезон, восени.

Для порівняння:

- Glastonbury 210 000/рік
- Sziget 400 000/рік
- Kazantip (до 2014) 100 000/рік
- Burning Man 70 000/рік
- MRPL фест (2021, до окупації) > 35 000

Також можливим напрямком при зростанні міста стає спортивний туризм. Спортивні події залучають нову аудиторію, проте вимагають інфраструктури олімпійського стандарту, підтримка якої може бути надто обтяжливою для міста невеликого розміру. Варто на майбутнє зарезервувати ділянки для спортивних об'єктів.

Festival and sports tourism

With its sea, history, and new recreation infrastructure, Mariupol might think about hosting a large-scale national festival or medium-sized international festival.

Although the use of Azovstal's territory for such activities is a sensitive issue due to the freshness of the trauma, the area is ideal for festivals because it combines remoteness from residential development; proximity to transportation, the sea, and the river; the cult nature of the site; and the megalithic industrial structures around it. The transformation of Azovstal's territory will be a long process, so the city will have time to decide at what point it will be possible and appropriate to hold mass events at this location.

The combined cluster of the central beach and Primorsky Park may be considered as an alternative central location for smaller festivals.

The choice of timing for festivals is a matter of analysing the competitive environment. Mariupol tends to organise summer beach festivals, but in order to increase the length of the tourist season and take into account the periods when the city's characteristic trees are in blossom, we recommend holding one of the festivals during the acacia blossom period (May) and the other during the 'velvet season', in the autumn.

For comparison:

- Glastonbury attracts 210,000/year
- Sziget, 400,000/year
- Kazantip (until 2014), 100,000/year
- Burning Man, 70,000/year
- MRPL Fest (2021, before the occupation), 35,000

Sports tourism is also a possible area for the city's growth. Sporting events can attract new audiences but require Olympic-standard infrastructure; this can be too much for a small city to maintain. It is worthwhile reserving land for future sports facilities.

5.7 Курортне місто

Індустрія морських курортів в Україні зконцентрована в кластері навколо Одеси та на південному узбережжі Криму. Узбережжя Азову виключено з популярних туристичних напрямків, хоча воно має незаперечні переваги — піщані пляжі, дрібне море, що швидко прогрівається та пристосовано для відпочинку з дітьми, довша, ніж в Одесі, тривалість курортного сезону.

Єдиним українським містом, яке могло б повноцінно реалізувати курортний потенціал Азову, є Маріуполь, проте протягом всієї історії міста, починаючи з радянського періоду, це було неможливо у зв'язку з незадовільною екологічною ситуацією, пов'язаною з викидами металургійних заводів, а також розташуванням залізничних колій безпосередньо на центральному пляжі міста.

- Також на туристичний потенціал негативно впливали:
- порт, що займає 3,5 км берегової лінії;
- відсутність туристичних атракцій;
- скиди стічних вод у море;
- відсутність якісного готельного фонду;
- замулення входу у воду на лівобережних пляжах;
- відсутність повноцінної пляжної інфраструктури.

Зупинка роботи «Азовсталі» усунула головний чинник, що унеможливлював розвиток туризму, — поганий екологічний стан прибережної зони міста. Не менш важливими для цього сектору економіки є добровільні зобов'язання власника заводу ім. Ілліча щодо інвестицій розміром в 1 млрд доларів у перехід на чисте металургійне виробництво, які було окремо підтверджено вже під час окупації. Це дозволяє розглядати Маріуполь в перспективі 10 років як «місто без викидів».

Перенесення морського порту на територію заводу «Азовсталь» та демонтаж з узбережжя залізничних колій, які до нього ведуть, дозволять звільнити морське узбережжя правого берега міста від транзитно-промислової функції та створити нові прибережні житлово-туристичні зони на місці старого порту й залізничного вокзалу.

Resort town

The seaside resort industry in Ukraine is concentrated in a cluster around Odesa and on the southern coast of Crimea. The Azov coast is not a popular tourist destination, although it has undeniable advantages: sandy beaches; a shallow, warm sea suitable for families with children; and a longer holiday season compared to Odesa.

Mariupol is the only Ukrainian city that could fully develop as a resort on the Azov, but throughout the city's history, starting with the Soviet period, this has been impossible due to the unsatisfactory environmental situation caused by emissions from metallurgical plants and the location of railway tracks directly on the city's central beach.

The city's tourism potential has also been negatively affected by:

- a port occupying 3.5 kilometres of coastline;
- a lack of tourist attractions;
- wastewater discharges into the sea;
- a lack of quality hotel facilities;
- silting up of the entrance to the water on the left-bank beaches;
- a lack of proper beach infrastructure.

The shutdown of Azovstal eliminated the main factor that made it impossible to develop tourism – the poor environmental condition of the city's coastal zone. Equally important for this sector of the economy are the voluntary commitments of the owner of the Ilyich plant to invest $1 billion in the transition to cleaner steel production, which were confirmed separately during the occupation. This allows us to think that Mariupol will be a 'zero-emission city' within the next ten years.

The relocation of the seaport to the Azovstal plant and the dismantling of the railway tracks leading to it will free the seashore of the city's right bank from its transit and industrial functions and create new coastal residential and tourist areas on the site of the old port and railway station.

У новій реальності Маріуполь може претендувати на три напрямки туризму:

- пляжний;
- меморіальний;
- фестивальний та спортивний.

У контексті пляжного туризму Маріуполь може розраховувати на аудиторію мешканців Донецька, Горлівки, Макіївки, частково Харкова. Зараз складно спрогнозувати масштаби і швидкість повернення людей в міста, окуповані в 2014 році, але щонайменше для 2 млн мешканців великих міст сходу України Маріуполь буде найближчою курортною морською локацією.

Цей проєкт дозволяє організувати туризм формату «місто + море», коли туристи проживають у міському середовищі і збагачують міську економіку, а вдень користуються пляжами неподалік. Центром такого відпочинку, готельної індустрії, а також нічного розважального життя має стати забудова території існуючого порту та залізничного вокзалу.

Проривним проєктом для міського туризму стане швидкісний пором «Маріуполь — Керч», який інтегрує Маріуполь у туристичну екосистему південного берегу Криму — 4,5-годинний маршрут на швидкості 30 вузлів, є аналогом кількох успішних паромних операцій в Європі, таких як ті, що з'єднують Великобританію з островами Ла-Маншу.

Виходячи з даних Всесвітньої ради з питань подорожей та туризму (WTTC), кожна 1 000 туристів (міжнародних та внутрішніх) у 2019 році підтримувала приблизно 18 прямих, непрямих та індукованих робочих місць. Туризм стане одним зі стовпів економіки міста.

In this new reality Mariupol will be able to claim three tourism attractions:

- beaches;
- memorials;
- festivals and sports.

In the context of beach tourism, Mariupol can count on attracting tourists from Donetsk, Horlivka, Makiivka, and, in part, Kharkiv. It is difficult to predict the scale and speed of people's return to the cities occupied in 2014, but for at least two million residents of large cities in eastern Ukraine, Mariupol will be the closest seaside resort location.

This project generally makes it possible to organise tourism in the 'city + sea' format, whereby tourists live in the urban environment and enrich the city's economy while still taking advantage of nearby beaches. The centre for such recreation, the hotel industry, and nightlife should be the development of the territory of the existing port and railway station.

A breakthrough project for urban tourism will be a high-speed Mariupol-to-Kerch ferry that will integrate Mariupol's tourism ecosystem with that of Crimea. This service would take approximately 4.5 hours at 30 knots and be analogous to a number of successful ferry operations in Europe, such as those linking the UK to the Channel Islands.

According to the World Travel and Tourism Council (WTTC), in 2019 every 1,000 tourists (international and domestic) supported approximately 18 direct, indirect, or induced jobs. Tourism will become one of the pillars of the city's economy.

5.8 Меморіальний туризм

Меморіальний туризм — це туризм, похідний від наративу. Фізичні об'єкти для нього є без сумніву важливими, але у випадку Маріуполя — як декорації та «причина вірити» в історію, навколо якої все побудовано, причому цінною є насамперед незмінність цих декорацій, яка дозволяє зануритись у події.

У зв'язку з всесвітньою відомістю облоги та окупації Маріуполя можна очікувати хвилю меморіального туризму відразу після деокупації та створення достатніх безпекових умов. Ключовий інтерес будуть викликати зруйновані райони Маріуполя, територія заводу «Азовсталь» та цехів, де відбувались події, особливо їх підземні частини.

Для реалізації цього інтересу на першому етапі потребується тільки розмінування, навчання гідів та виділення безпечних маршрутів, доступних для відвідувачів, що може бути реалізовано в стислі терміни. Принципово важливо максимально використати вікно можливостей відразу після деокупації та надати інструменти розказати історію Маріуполя ЗМІ, а пізніше міжнародним волонтерам, які прийдуть відновлювати місто.

У більш довгій перспективі важливо збалансувати інтереси міського розвитку із консервацією найважливіших матеріальних свідчень, які одночасно можуть бути інтегровані у нове функціональне призначення територій та бути важливими опорними пунктами туристичних маршрутів. Для відібраних об'єктів консервації найважливішим є збереження стійкості конструкцій для безпеки туристів, у той час як сам об'єкт може природно зістарюватись, деформуватись та поглинатись природою.

В Україні є приклад катастрофічної ситуації, яка викликає систематичний туристичний інтерес, — Чорнобиль (150 тис. відвідувачів/рік). Територія заводу «Азовсталь», яка віддана природі, має співставний потенціал.

Оскільки особливістю меморіального туризму є тяжіння до дат, організація національних масових заходів до річниць подій (лютий-травень) може підтримати туристичний потік у низький сезон.

Memorial tourism

Memorial tourism is a form of tourism derived from narrative. Physical objects are undoubtedly important for it, but in the case of Mariupol, they are like a backdrop and a 'reason to believe' in the story around which everything is built, and the value is primarily in the immutability of these backdrops, which allows you to immerse yourself in the events.

Due to the worldwide fame of the siege and occupation of Mariupol, we can expect a wave of memorial tourism immediately after de-occupation, provided that conditions are sufficiently secure. The destroyed areas of Mariupol, the territory of the Azovstal plant, and the workshops where the events took place, especially their underground parts, will be of key interest.

In order to realise this interest, the first stage will require only demining, training of guides, and designation of safe routes accessible to visitors. All this can be implemented in a short period of time. It is crucial to maximise the window of opportunity immediately after de-occupation and provide tools to tell the story of Mariupol to the media and later to international volunteers who will come to rebuild the city.

In the longer term, it is important to balance the interests of urban development with conservation of the most important material evidence, which can be integrated into the territories' new functional purpose and serve as important points of reference for tourist routes. For conservation objects that are selected, the most important thing will be to maintain the stability of the structures for the safety of tourists, while the objects themselves may age and deform naturally and eventually be absorbed by nature.

Ukraine already has an example of a catastrophic situation that has generated sustained tourist interest – Chornobyl (150,000 visitors per year). The territory of the Azovstal plant, which will be given over to nature, has comparable potential.

Since memorial tourism is date-driven, organising national mass events on the anniversaries of events (February–May) can help maintain flows of tourists during the low season.

ЗАВДАННЯ ДЛЯ ДЕРЖАВИ — task for the state

Історія Маріуполя є важливою складовою національної пам'яті, тому на рівні держави має бути розглянуто включення візиту в Маріуполь в обов'язкову частину шкільної програми для всіх учнів з компенсацією проїзду та проживання (близько 200 тисяч візитів на рік). Окрім очевидних вкладень у згуртованість українського суспільства така програма зробить більш конкурентоспроможним весь сектор туризму в Маріуполі через його підтримку в низький сезон.

The history of Mariupol is an important part of national memory, so the state should consider making a visit to Mariupol a mandatory part of the school curriculum for all students, with travel and accommodation reimbursement (about 200,000 visits per year). In addition to the obvious contribution to the cohesion of Ukrainian society, such a programme would make the entire tourism sector in Mariupol more competitive by supporting it during the low season.

ЗАВДАННЯ ДЛЯ МІСЦЕВОЇ ВЛАДИ — tasks for local authorities

Формування наративу героїчного Маріуполя та створення культового статусу міста та «Азовсталі» є критично важливим для подальшого залучення інвестицій на відновлення і розвиток, адже набагато легше виділяти гроші платників податків комусь, хто є stronger than steel. Спробу побудови міфу міста виключно на образі жертви спіткає невдача, адже жертва впоралась, перемогла і стала сильнішою, і ця історія має бути розказана чесно і повністю під керівництвом незалежної інституції дослідження пам'яті та за допомогою міста.

Shaping the narrative of a heroic Mariupol and creating a cultural status for the city and Azovstal is critical to attracting further investment for recovery and development since it is much easier to allocate taxpayer money to such a project. An attempt to build the myth of the city solely on the image of the victim will fail, because the victim coped, won, and became stronger. This story must be told honestly and completely under the guidance of an independent memory research institution and with the city's help.

Гліб, Запоріжжя, 18
Glib, Zaporizhzhia, 18

У мене було чудове життя до 24-го. Навчався в морському ліцеї, і мене там усе влаштовувало. Після ліцею ходив гуляти, і мене, у цілому, теж усе влаштовувало. Мешкав я біля БК Металургів, на Покришкіна.

Звісно, у місті не все було ідеальним. Мене не влаштовували постійно сірі райони; «хрущівки» і «брежнєвки» мене не влаштовували взагалі. Не влаштовувало, що в нас, скажімо так, не кожен мав адекватний вигляд. Були місця, де люди нічого, окрім «синьки», й не знали, там безупинно пили, стояли крики, галас, гамір якийсь… Тобто, у місті були проблеми, певні речі. Однак плюсів було більше.

Наприклад, на моїх очах створювали урбаністичні зони, куди можна було прийти, погуляти, відпочити. Дороги почали робити добрі. Море чистили, шезлонги ставили, узагалі працювали над комфортом.

Я мав план: закінчити ліцей, потім вступити до «вишки» на моряка і водночас почати рухатися в бік роботи безпосередньо в морській галузі. І того дня, коли Путін визнав республіки, я вже був цілковито впевнений, що відбудеться вторгнення, але взагалі не думав, що в місто можуть увійти. Адже Маріуполь завжди максимально укріплювали.

Спершу почали просто бомбити. 24-го почалися бої, прилетіло «градом» у місто… Але це сприймалося так: десь щось розірвалося, ну гаразд, не в нас же стріляють. І навіть коли поруч влучили, у сусідній будинок, я абсолютно спокійно на це реагував. Сидів, читав. У перервах між справами, коли треба було, там, воду носити, багаття робити, їжу готувати, — я переважно читав.

Не було світла, води, газу… Удома холодно, їжа закінчується, по воду — на річку. Щойно з'явилася нагода, ми звідти виїхали. Нас друг вітчима вивіз машиною в день, коли розбомбили Драмтеатр. 16-го числа, так. Я взагалі не хотів їхати. Але коли з'явилася така можливість, я подумав, що вона може бути останньою, і, мабуть, краще виїхати.

Я жив із мамою і вітчимом, а батько з бабусею та дідусем жили окремо, мали великий будинок. І ось мені слід було якось повідомити їх, що ми їдемо. Для цього треба було добігти від мого дому до дому батька. Уже вечоріло. Поки я туди біг, я бачив багато розбомблених приватних будинків, які… Я й до цього бачив розбомблені будівлі, але тут їх було забагато. І люди просто лежали на землі. Частина з них були п'яні, а частина — точно мертві. П'яні впереміш із мертвими — це страшно.

I had a wonderful life until the 24th. I was studying at the Naval Lyceum, and I was happy with everything there. After the lyceum, I would go for walks, and I was happy with everything I saw too. I lived near the Metallurgists' Palace of Culture, on Pokryshkin Street.

Of course, not everything in the city was perfect. I didn't like the eternally grey architecture; I didn't like the Khrushchev-era and Brezhnev-era buildings. I wasn't happy that not everyone, let's say, looked decent in our city. There were places where people knew nothing but vodka, with incessant shouting, noise, and trouble. The city had its share of problems. But the advantages outnumbered them.

For example, new urban zones emerged right before my eyes, offering environments for recreation. The quality of the roads and the sea improved. They made decent beaches with deck chairs; there was evident attention being paid to citizens' overall comfort.

My plan was to finish the lyceum, enter the university to become a sailor, and simultaneously look for a job in the maritime industry. And on the day when Putin recognised the two 'people's republics', I was already convinced that an invasion would occur, but I didn't think they would enter the city. Because Mariupol was always heavily fortified.

At first, it was just the bombing. On the 24th the invasion began, and Grad rockets hit the city. But I was calm. Like, so, yeah, something somewhere exploded, but they're not targeting us. I was calm even when they hit the building next door. I just sat there and carried on reading my book. In between chores, when I had to fetch water, make a fire, or cook food, I would mostly spend time reading.

Eventually there was no light, no water, no gas… It was cold, food was running out, and you had to go to the river for water. My stepfather's friend took us out of town in his car the day they bombed the Drama Theatre. It was 16 March. I didn't want to leave. But I was worried another chance might not turn up.

I lived with my mother and stepfather. My dad, my grandmother, and grandfather lived separately in a big house. I had to let them know we were leaving, which required making a trip from our house to theirs. It was getting dark. So, I ran there, and on my way, I saw a lot of bombed private houses. I've seen bombed buildings before, but this time, there were just too many. And I saw bodies lying on the ground. Some of them were drunk, and some were

Але найбільш пам'ятна подія сталася пізніше. У нас поруч невеликий автовокзальчик був, де стояли жовті автобуси «богданчики». І ось уже темно, а до мене там підходить мужичок і пропонує цукерку. Це було набагато страшніше, ніж будь-які трупи. Тому що жива людина страшніша за мертву. Загалом, я тоді чемно відмовився і побіг далі. А мужичок... Йому, мабуть, людського контакту не вистачало і так само дико страшно було.

Виїхали ми о 6-й ранку, приїхали о 12-й ночі. Незабутня подорож: кожні 2–3 кілометри блокпост, і кожні 2–3 кілометри перевіряють твій телефон, перевіряють усе взагалі. Зараз я в Запоріжжі, навчаюся. Від нашого будинку навіть натяку на руїни не залишилося. А у квартирі просто шибки повилітали. «Добрі» росіяни поставили там нові вікна.

Чекаю, коли відіб'ють місто. Не відразу, зрозуміло, але за якийсь час повертатимуся. Безперечно буду. По-перше, там море. Я обожнюю море. Мені тут тяжко. У Запоріжжі є річка, але я не можу без моря. Це раз. Два — все ж таки Маріуполь рідне місце, ти його знаєш. А тут усе якесь начебто нормальне, але чуже. І є чудові приклади Хіросімі, Нагасакі, Німеччини після Другої світової. Тобто все можна відновити, якщо говорити про каміння-бруківки. А якщо говорити про людей... Ті, кого я знаю особисто, мої знайомі — усі хочуть повернутися. Це для мене принципово – море і люди.

Не хочу називати прикметники щодо того, яким має стати Маріуполь після деокупації: гарний, чистий, сучасний, урбаністичний... Як на мене, місто взагалі має змінити свій сенс. Основною його функцією має бути реалізація особистості людини, кожного конкретного її мешканця. Наприклад, можна створювати якісь центри з видачі музичних інструментів чи спорядження для екстремальних видів спорту. Місто має бути для людини як особистості. Тобто має вийти таке місце, де кожен мешканець може знайти, як йому розвиватися. І тоді Маріуполь конкуруватиме з іншими містами в усьому, починаючи із простого — зарплат і закінчуючи найскладнішим — комфортом. Потрібно щоб у ньому було добре жити. Раніше теж було добре, але треба більше, треба краще. Тоді й нові люди приїдуть. Нехай спершу приїжджають подивитися на розбомблене місто, а побачать його відбудованим і захочуть залишитися. Буде чудово. Люди ж завжди прагнуть туди, де їм добре.

Не варто розраховувати, що всі рвонуть до Маріуполя, бо це знакове місце. Люди рвонуть, якщо там буде офіґенно. А щоб люди поїхали відновлювати місто, треба знайти тих, хто цього хоче ідеологічно. Ідеологічно хоче та мізками здатний.

unmistakably lifeless. It was scary to see drunk and dead people together.

The thing I remembered the most happened later. We had a small bus station where yellow 'bogdanchiki' buses were parked. It was already dark, and a man approached me, offering me candy. This was much scarier than the corpses I saw. Because a living person is way more dangerous than a dead one. Anyway, I politely declined and hurried away. The man was probably just lonely and scared, and wanted some human contact.

We left at six in the morning and arrived at midnight. It was quite a journey: every 2–3 kilometres there was a checkpoint where they would check your phone and go through your stuff all over again. Currently I'm in Zaporizhzhia, back studying. There's nothing left of our house. Our apartment is intact; the windows were broken, but the Russians 'kindly' installed some new ones.

I'm waiting for the city to be reclaimed. I won't move back that same day, but I shall definitely return. First, because of the sea. I love the sea. I miss it here in Zaporizhzhia. The river is nothing like the sea. And secondly, Mariupol is still my home, something I know. Here everything is normal, but it's not mine. And there are great examples of Hiroshima, Nagasaki, and Germany after World War II: everything can be restored, infrastructure-wise. As for the people, everybody I know wants to return. These two things are crucial for me: the sea and the people.

I don't want to just list adjectives about what Mariupol should be like after it's liberated: beautiful, clean, modern, urban... To me, the city must change its meaning entirely. Its main function should be the fulfillment of its residents. For example, there could be centres for distribution of musical instruments or sports equipment. The city should be centred around people's interests, so that every resident can thrive. That way, Mariupol could compete with other cities in everything, from wages to leisure. It should be a good place to live. It used to be good, but we need it to be better. Then it will attract new people. They'll come because of how it was destroyed, and they will stay because of how it was rebuilt.

People don't come and stay because of a city's historic significance. People come and stay if it feels awesome to live there. As for rebuilding the city, it should be done by people with both the right beliefs and the proper expertise.

Анатолій, Кривий Ріг, 83
Anatoly, Kryvyi Kih, 83

Я народився у Маріуполі, за фахом лікар. Оздоровлював 37 років робітників Маріуполя. Життя з 91-го року, звичайно, значно покращало: місто стало змінюватися, особливо останнім часом.

Особливо це стало помітно після першої війни у 2014 році. Місто взагалі змінилося до невпізнанності, попри те, що воно було спочатку окуповане. Тоді в нас теж були жертви, були великі обстріли, постраждав Східний мікрорайон… Але зараз, після 24 лютого 2022 року, постраждало все місто цілком, особливо центр. Я такого не бачив у дитинстві, хоча застав Другу світову. Не розповідали мені й батьки, щоб таке було в Маріуполі.

Перші два дні ми мали світло, газ і воду, попри обстріли. А потім зникло все. Особливо були проблеми з питною водою. Ми їздили до джерел, одне в парку Петровського було та одне у Приморському районі, ближче до моря. Але в основному збирали та топили сніг, воду з дахів збирали та кип'ятили. У магазинах не було хліба. Потім його стали пекти в маленькому магазині на проспекті Будівельників. Там для військових пекли, але перепадало і цивільним. У чергу зранку ставали, щоб буханець здобути.

Ще у нас поруч з домом маленький інтернат був. Дітьми там опікувався один священник. Він їздив у гори з ними, об'їздив майже півсвіту з цими дітьми. Вони чекали на обстріл у підвалі нового будинку, який нещодавно збудували. Було страшно дивитись, коли їм кашу варили без хліба, без нічого. Води вони не мали. Це, мабуть, було найстрашніше. І там ще були наші мешканці, які не ходили, інваліди війни. Вони взагалі не могли пересуватися містом на візках. Антисанітарія була повна, догляду ніякого не було. Родичі теж були у схожому стані.

16 квітня ми вирішили виїжджати з Маріуполя, хоч до цього часу було бажання залишитися там. Усе-таки, прожити все життя в Маріуполі, мати за плечима щось… А потім їхати невідомо куди… Усе це дуже важко.

Їхали ми великою колоною: п'ять машин та дві фури. Хлопці були гонщиками, тож усі дороги добре знали. Вирішили їхати через Ялту на Мелекіне. Однак там розбили міст, тож їхати довелося пісками: вони підмерзли. Проїхали досить добре, вискочили прямо на Бердянську трасу. Дісталися Вишневатої Запорізької області й тиждень побули біля сватів. Там теж було тяжко, хліба не було, але картопля була. Харчувалися дерунами та пили молоко.

I was born in Mariupol. I'm a doctor; I took care of Mariupol's workers for 37 years. Life has certainly improved since 1991: the city began to change, especially recently.

The changes became particularly noticeable after the first war in 2014. The city was completely transformed, despite having initially been occupied. We had casualties back then as well; there was major shelling, the Skhidny district was badly damaged… But after 24 February 2022, the entire city was damaged, especially its centre. I never saw such devastation in my childhood, even though I lived through World War II. Neither did my parents tell me about anything like this.

For the first two days, we had electricity, gas, and water, despite the shelling. Then everything went out. The lack of drinking water was the worst. We made trips to the local springs: one was in Petrovsky Park and one in the Primorsky District, near the sea. But mostly we collected and melted snow and gathered water from the roofs and boiled it. There was no bread in the stores. Then they opened a bakery in a small shop on Budivelnykiv Avenue. They made bread for the soldiers, but the civilians could also get some. People queued up from early morning to get a loaf.

There was a small facility for orphans in Mariupol. A priest took care of the children there. He took them to the mountains, tried to show them the world. They were hiding from the shelling in the basement of a new building. It was heartbreaking to see them being fed bland porridge without bread or anything. They had no water. It was the scariest sight. The same facility served as a home for people who couldn't walk, elderly vets who could barely move around in wheelchairs. There was poor sanitation and no help for them at all. Their relatives were also in a similar state.

On 16 April we left Mariupol, though we were adamant we should stay up until then. We had spent our entire lives there, and leaving it all behind, going God knows where with nothing and no prospects in sight, it was hard.

There were five cars and two trucks in our convoy. The guys we went with were racers, so they knew the roads well. We decided to go through Yalta to Melekine. The bridge there was destroyed, so we had to drive across the frozen sands. We made it without much trouble, came out directly on the Berdyansk

У Кривому Розі вирішили зупинитись, оскільки тут працює друг сина. Синові також роботу надали, і він почав працювати черговим хірургом у центральній лікарні. Нас тут прийняли досить добре. У тих умовах, які є, не можна сказати, що це дім, але все ж таки дах над головою, є що поїсти, є де помитися, є куди сходити, є з ким поговорити.

Я думав над питанням про повернення в місто і зупинився на тому, що краще за Маріуполь немає. Потрібно їхати туди, намагатися відновити його, допомогти чим можливо. Треба допомогти відновити Маріуполь, щоб він став красивішим, молодшим, зеленішим, щоб були бульвари, щоб були театри, були навчальні заклади. Маріуполь має стати студентським, молодіжним містом.

Має бути більше вишів, має відкритися консерваторія, художні, музичні школи, щоб діти більше розвивалися. Місто в нас спортивне, і футбол досить добрий, і команда з водного поло гарна, багато атлетів, гімнастів. Скелелазів теж багато в нас було. Цікаво, звичайно, побачити оновлене місто, яким воно буде. Я не побачу, але уявляю.

Звичайно, руїни не хотілося б дивитися, але доведеться, бо якщо спершу не прибрати ці руїни, нічого не вийде нового збудувати. Багато хто не хоче повертатися, багатьом страшно, у багатьох були надто серйозні переживання. Треба більше, мабуть, спілкуватися з маріупольцями, які поїхали. Ми тут розмовляємо і всі хочемо повернутися додому. Діти маріупольців так само хочуть повернутися додому. Я думаю, також потрібно, аби з людьми спілкувалася місцева влада, оскільки від неї залежатиме, скільки людей приїде назад і скільки залишаться в регіонах, де утворилися маленькі осередки. Люди, що повернулися, повинні мати можливість працювати й отримувати зарплату, хоча б мінімум.

Потрібна розмова з маріупольцями, потрібне спілкування, без нього нічого не вийде. Треба вмовляти, роз'яснювати, пояснювати. Я сам думаю, як закликати молодь організувати будівельні бригади.

А зараз нічого не відомо, не видно жодного проблиску. Чекаємо.

highway, reached Vishnevaya in the Zaporizhia region, and stayed with our in-laws for a week. It was also tough; there was no bread, but they had potatoes. So we survived on potato pancakes and milk.

We decided to stay in Kryvyi Rih, as my son's friend works here. My son also found a job as on-duty surgeon at the central hospital. We were received quite well here. It's not home, but we have a roof over our heads, food to eat, the means to keep ourselves clean and tidy, places to go, and people to keep us company.

I've been thinking whether we should go back and I've concluded there's nothing better for us than Mariupol. We need to go there, try to restore it, help as much as possible so that it becomes more beautiful, younger, greener, with lots of boulevards, theatres, and educational institutions. Mariupol should become a city that attracts young people.

We need more universities, a conservatory, and art and music schools, so that children can thrive. Our football and water polo teams are quite good; we were home to many athletes and gymnasts. We also had lots of rock climbers. It would be interesting to see the renewed city, what it will be like. I won't live long enough, but I can dream about it.

Of course, I hate the thought of seeing the ruins, but we all have to, because if we don't clean up these ruins first, we can build nothing new in their place. Some people don't want to return because their experience was too intense, and they are scared. We need to communicate more with the people of Mariupol who left. Among ourselves, we mostly agree that we want to go home. Our children want to go home as well. I think it's crucial that the local authorities communicate with people. It will affect how many decide to come back instead of staying in other regions, where small communities have formed. And those who go back should be able to find a job with a salary that's enough to get by on.

If the Mariupol refugees aren't included in the conversation, nothing will happen. We need to persuade them to come back, explain what's in store, answer their questions. I myself am trying to figure how to call on the youth to organise construction brigades.

But for now, nothing is certain, and hope is dim. All we can do is wait.

Ліля, Вінниця, 30
Lilya, Vinnytsia, 30

Я сама з Мангуша, це передмістя Маріуполя. 2009-го я переїхала до Донецька. Закохалася в це місто, 2013-го ми купили з батьками там квартиру, я знайшла гарну роботу. Я все бачила та відчула, що відбувалося у 2014 році. Військова ситуація, усе було на ножах. Наше обласне відділення Ощадбанку переїхало до Маріуполя, і ми разом із ним.

Згадуєш, як у 14-му Маріуполь відбився – гордість бере, як ми тоді обрали свій шлях. За Донецьк боляче: його так споганили... А Маріуполь вистояв. Я потім поверталася до Донецька, але не змогла там жити. Переїхала до Києва на рік, а 16-го повернулася до Мангуша.

Я бачила, як Маріуполь розвивався із 16-го до 22-го. Щовихідних відбувалися свята, я всі їх відвідувала. Як і раніше, працювала в банку. Друзі, родина... Після роботи їхала до спортзалу чи в кіно з друзями. Звичайне життя у тридцять років.

Коли 24 лютого почалося, я просто не могла повірити, що вони справді йдуть — із Криму, із Таганрога... Літаки, колони військової техніки... У Донецьку в мене забрали майбутнє, а в Маріуполі в мене забрали минуле. Зараз у мене є лише моє сьогодення.

Пам'ятаю день, коли ми вже не мали їжі, треба було шукати, і я знайшла жінку, яка привозила курку до центру. З 5-ї ранку бомбили, а на вулиці був сильний вітер зі снігом. Вибухи стояли — неможливо було слухати. Але хотілося їсти й довелося йти. Ідеш — а вітер зносить тебе, і ти чуєш, як бомблять Маріуполь, уявляєш своїх знайомих, свого шевця, свого тренера, якусь дівчинку з ресепшена, і думаєш: де зараз вони, що з ними відбувається? Коли тут, у Вінниці, зустріла свого шевця, який у «Порт-Сіті» працював, я мало не розплакалася. Я слухала ці вибухи та намагалася думати про кожного, кого хоч трохи знаю, хоч якось запам'ятала: «Господи, хоч би всі ці люди залишилися живі».

2020-го року я їздила до Донецька через Росію: прямий проїзд був закритий через коронавірус. Мені треба було розв'язувати проблему із квартирою в Донецьку: 2016-го помер батько, треба було переоформити, зберегти хоч щось. Ми купили її за 50 тисяч доларів, продали за 10. Туди я тяжко їхала, майже добу. Їхати назад тим самим шляхом не хотілося. Знайома запропонувала виїхати з окупованого Донбасу безпосередньо в Україну через Оленівку. На блокпості залізли в мій телефон, побачили, що мені писав знайомий азовець... Я заплатила дві тисячі доларів, щоб мене не посадили «на підвал». І коли я вже цього разу побачила, що до нас заїхали ті днрівці...

I'm originally from Manhush, a suburb of Mariupol. In 2009 I moved to Donetsk. I fell in love with the city. In 2013 my parents and I bought an apartment there, and I found a good job. I saw and felt everything that happened in 2014. The warzone atmosphere, everybody was on edge... The regional branch of Oschadbank where I worked moved to Mariupol, so we did as well.

Remembering how Mariupol fought back and prevailed in 2014 makes me proud. It hurts me to think about Donetsk: the city is totally desecrated while Mariupol stood firm. I tried moving back to Donetsk at some point but couldn't stand it there. I spent a year in Kyiv and returned to Manhush in 2016.

I watched Mariupol improve between 2016 and 2022. Events and fairs were held every weekend; I attended most of them. I still worked at the bank, spent time with friends and family... After work, I would go to the gym or to the movies. Just your average life when you're 30.

On 24 February I couldn't believe they were actually attacking us. They came from Crimea, from Taganrog, with planes and columns of military equipment... They stole my future in Donetsk, and in Mariupol they stole my past. Now, all I have is my present.

I remember the day we ran out of food and had to go search for it. I found a woman who brought poultry to the city centre. They had been bombing us from 5 am, and there was a strong wind with snow outside. But we were hungry, and I had to go. As I walked, it felt like the wind would whisk me away to the soundtrack of Mariupol being bombed. I thought about random people I knew: my cobbler, my gym trainer, the girl from reception... I wondered where they were. Later I ran into my cobbler from the Port-City mall here in Vinnytsia, and I almost cried. The explosions were deafening, and all I could think of were the people, even the ones I rarely encountered, and I prayed for them to survive.

In 2020 I travelled to Donetsk through Russia: direct passage was closed because of the coronavirus. I needed to sell my dad's apartment in Donetsk: he had died in 2016. We bought it for 50,000 dollars and sold it for just 10,000. The journey was exhausting. It took almost a day to get there. I didn't want to go back the same way. A friend suggested leaving occupied Donbass and going directly to Ukraine through Olenivka. At the checkpoint they looked into my phone, saw that an Azov fighter I knew had written to me... I paid two thousand dollars so they wouldn't put me in a torture chamber 'na pidval' (in a cellar).

У мене просто зірвало дах: Господи, знову ця чернь! У Донецьку вони були, і зараз знову вони.

Зараз я у Вінниці. Мені тут добре. Я тривалий час працювала із психологом: було багато запитань, було важко прийняти людей, які поїхали за кордон — не ті, хто відразу через Росію з Маріуполя виїхав, а ті, хто через Україну, тут пожив та поїхав за кордон.

Мені пощастило, що потрапила до центру «Я.Маріуполь». Разом легше все це переживати. Я в проєкті «Я.Маріуполь-молодь», одне з наших завдань — координувати та об'єднувати молодь, яка в Україні та закордоном, щоб потім повернути їх у місто. Слава Богу, я маю ресурси на це, хочу далі це робити. І сама планую повертатися. Але потрібно убезпечити місто максимально. Коли я жила в Мангуші та Маріуполі, то оця маленька відстань до кордону з Росією дуже напружувала. Усіх напружувало, хто щось розумів. І тепер особливо хочеться закритися, відгородитися, аби кордон був далі. Може, якусь стіну збудувати, я не знаю. Якщо аеропорт будують, він має бути в безпеці. І море має бути в безпеці. Усе має бути в безпеці.

Драмтеатр... Усі кажуть, треба зробити пам'ятник, монумент. Як у Берліні, наприклад, пам'ятник євреям, які загинули під час Голокосту. А будівлі, які є архітектурною пам'яттю міста, таки треба відновлювати. Я впевнена, нам допоможуть із цим, бо є досвід того ж Дрездена, Варшави.

А чого не має бути в Маріуполі... Насамперед нічого не повинно бути російського. Оці будинки, які вони звели — не знаю, чи логічно їх руйнувати; може, зробити їх будинками ганьби та поселити туди всіх оцих затятих колаборантів? Злочинці ж на зоні житимуть, але знаєте, твій сусід, наприклад, який кричить «за Росію», його ж не посадиш. Він просто замовкне, перевзується, коли повернеться Україна.

Я думаю про людей, які опинилися за кордоном. Багато хто втратив житло і тому не бачить сенсу повертатися: їм нікуди. Але якщо люди побачать: щось будується, є якісь компенсації тим, хто все втратив, іде будівництво, перша, друга, третя черга здається — це їх морально налаштує, що їм буде кудись повернутися.

Я перша поїду. Де житиму — не знаю, хай у бараку, у наметі, але щось робитиму, хоч гуманітарку видаватиму. Що корисно, те й робитиму. Я не одна така, сто відсотків, багато таких. Щось придумаємо.

And when I saw those so-called DNR fighters entering the city... I completely lost it: that scum again! They came for Donetsk, and now they came for Mariupol.

I'm currently in Vinnytsia. I'm doing well here. I had to work with a therapist because I had so many questions. It was hard to accept that some people moved abroad. Not the ones who left Mariupol through Russia and went onward to Europe, but the ones who fled to Ukraine and didn't stay.

I was lucky to find the Ya.Mariupol centre for refugees. It's easier to live through all this together. I'm in the Ya.Mariupol Youth project, and one of our aims is to unite young people in Ukraine and abroad to bring them back to the city. Thank God I have the energy, and I want to keep doing it. And I myself plan to return. But we need to secure the city as much as possible. Back in Manhush and Mariupol, the short distance to the border with Russia was very stressful. Anyone with wits found it frustrating that we lived so close. And now I especially want to move further away from them, build a wall or something. If a new airport gets built, it needs to be safe from them. And the sea must be safe from them. Everything has to be safe from them.

Everyone thinks that some kind of memorial needs to be created where the Drama Theatre was. Like the one in Berlin, to the Jews who perished in the Holocaust. And the buildings that are heritage need to be restored. I'm sure we can get help with that, because there's the experience of Dresden and Warsaw.

Things I don't want in Mariupol once it's liberated? I want nothing Russian. Those buildings they've built... I don't know if it makes sense to demolish them; maybe we should make them houses of shame for ardent collaborators? Regular criminals will go to prison, but you can't imprison your neighbour for yelling 'Hail Russia'. He will just change his tune and keep a low profile once Ukraine returns.

I think about the people who ended up abroad. Many lost their homes and see no point in returning since they have nowhere to go. But if they know that new housing is being built, and there is compensation for those who lost everything, I think it will give them the moral courage to return.

I'll be the first to go back. Even if I must live in a tent, I'll still go and do something useful there, wherever I'm needed most. I'm a hundred percent sure I'm not the only one. Once we're there, we'll think of something.

6 ВІДРОДЖЕННЯ
REBIRTH

ВІДРОДЖЕННЯ | REBIRTH

6.1 Солідарність | Solidarity
6.2 Лівий берег | Left bank
6.3 Приватна забудова | Private development
6.4 Історичний центр | Historical centre
6.5 Новий центр | New centre
6.6 Зелений Азовсталь | Green Azovstal
6.7 Меморіальний центр | Memorial centre
6.8 Старий порт та пляжі | Old port and beaches
6.9 Пріоритети розвитку | Development priorities

6.1 Солідарність

Відбудова та відновлення Маріуполя після жаху його руйнування та окупації є моральним імперативом, який вимагатиме безпрецедентної міжнародної солідарності та координації. Місто не може відновитися самотужки, і навіть загальнонаціональні зусилля з відновлення дадуть неповні результати. За оцінками міської адміністрації, навіть за умови зовнішньої підтримки час відновлення може зайняти 20 років.

Після деокупації Маріуполь автоматично виконуватиме нову роль найсхідніших воріт Європи і зможе продемонструвати західний і сучасний спосіб життя. Для того, щоб процес планування був спільним і зваженим, важливо проєктувати це майбутнє вже зараз, а не чекати часу, коли буде піднято український прапор.

Багато міст публічно висловили свою підтримку маріупольській громаді та готовність сприяти її відновленню. Існує унікальна можливість запозичити найкращі практики та впливи держав, які допомагали Україні у відновленні її суверенітету.

Наприклад, Італійська Республіка вже висловила зацікавленість у відновленні драматичного театру. Греція, найстаріша прародителька міста може підкреслити вплив грецької історичної присутності в ньому. Є міста-партнери та країни, які готові допомогти впровадити окремі системи на основі власного передового досвіду, включаючи нову систему мобільності міста.

Однак виникає питання, як впровадити таку співпрацю в загальний міський розвиток, аби створити різноманітне та автентичне місто, а не ефемерне «олімпійське селище» чи фасад знімального майданчика?

Цікавим є приклад Славутича — міста, куди у 1986-88 роках переселили мешканців Прип'яті, які опинилися майже в епіцентрі Чорнобильської катастрофи. Він був забудований «національними» кварталами вісьмома республіками СРСР. Відкинувши пропагандистський шар «дружби народів», яким намагалися приховати Чорнобильську катастрофу, ми можемо подивитися на результати роботи планувальників. З одного боку, така забудова з окремими зонами надавала певного шарму і створювала здоровий мікс приватної та багатоповерхової забудови. З іншого боку, зонування з великими «національними» територіями можливе лише на ділянці з нуля, де немає контексту, який потрібно врахувати, — для Маріуполя це неприйнятно.

Solidarity

Rebuilding and restoring Mariupol after the horror of its destruction and occupation is a moral imperative that will require unprecedented international solidarity and coordination. The city cannot recover alone, and even a nationwide recovery effort will yield incomplete results. According to the city administration, even with external support, recovery could take 20 years.

After the de-occupation, Mariupol will automatically take on a new role as Europe's easternmost gateway and will be able to demonstrate a Western and modern way of life. To ensure that the planning process is participatory and balanced, it is important to design this future now, rather than waiting for the time when the Ukrainian flag is rised.

Many cities have publicly expressed support for the Mariupol community and willingness to contribute to the city's recovery. There is a unique opportunity to learn from the best practices and influences of states that have helped Ukraine restore its sovereignty.

For example, the Italian Republic has already expressed interest in restoring the drama theatre. Greece, the city's oldest ancestor, can emphasise the influence of the Greek historical presence in the city. There are partner cities and countries that are willing to help implement systems based on their own best practices, including the city's new mobility system.

However, the question arises: How is such cooperation to be integrated into the city's overall development in order to create a diverse and authentic city, not an ephemeral 'Olympic village' or the façade of a film set?

An interesting example is Slavutych, the city to which residents of Prypiat, who were almost in the epicentre of the Chornobyl disaster, were relocated in 1986–88. Slavutych was built up with 'national' neighbourhoods by the eight republics of the USSR. While rejecting the propaganda layer of 'friendship of nations' that was used to hide the Chornobyl disaster, we can look at the results of the planners' work. On the one hand, this kind of development with separate zones created a certain charm and a healthy mix of private and high-rise buildings. On the other, zoning with large 'national' territories is only possible on a site built on from scratch, where there is no context to take into account, and this is unacceptable in the case of Mariupol.

Ми рекомендуємо:

- не розділяти місто на окремі «партнерські» зони, оскільки це призведе до відсутності внутрішньої узгодженості. Замість цього ми пропонуємо розподіляти між партнерами будівлі та споруди, а не цілі квартали;
- впроваджувати мікс різних форматів забудови для досягнення різноманітного середовища, доповнюючи приватну та багатоповерхову забудову проміжними форматами;
- впроваджувати забудову міста невеликими ділянками в межах загальної структури кварталу;
- впровадити конкурсне проєктування об'єктів та комплексів об'єктів, залучаючи архітекторів з країн-партнерів, які готові інвестувати ресурси в будівництво цих об'єктів.

We recommend:

- the city should not be divided into separate 'partner' zones as this will lead to a lack of internal coherence. Instead, we propose allocating buildings and structures, rather than entire neighbourhoods, to partners;
- there should be a mix of different building formats to achieve a diverse environment; private and multi-storey buildings should be combined with intermediate formats;
- urban development should be implemented on small plots in the overall structure of the neighbourhood;
- competitons should be held to design facilities and complexes of facilities, attracting architects from partner countries which are willing to invest resources in the construction of these facilities.

ЗАВДАННЯ ДЛЯ ДЕРЖАВИ

З законодавчої точки зору, такий підхід може вимагати дозволу на відхилення від місцевих будівельних норм з метою кращої інтеграції підходів відповідних країн. Це вимагатиме спеціального винятку в законі України або організації затвердження проєктів через існуючу комісію при Міністерстві розвитку громад, територій та інфраструктури України.

Ще одне занепокоєння викликає те, що надмірна міжнародна участь у відновленні Маріуполя може підірвати місцевий ринок праці. Тому важливо покладати зобов'язання щодо залучення певного відсотка місцевої робочої сили, що також виконує функції відновлення економічної та соціальної активності, а також підвищення попиту на людський капітал та його якості.

From a legislative perspective, this approach may require permission to deviate from local building codes in order to better integrate the approaches of the respective countries. This would require a special exception in the law of Ukraine or organisation of approval of projects by an existing commission under the Ministry of Community, Territorial and Infrastructure Development of Ukraine.

Another concern is that excessive international involvement in the reconstruction of Mariupol could undermine the local labour market. It is therefore important to commit to a certain percentage of local labour; this will also help restore economic and social activity, as well as increase demand for and quality of human capital.

6.2 Лівий берег

Solidarity

Ми починаємо розповідь про відбудову міста не з його центру, а зі звичайного мікрорайону в спальному масиві лівого берега. Саме в таких мікрорайонах мешкала половина маріупольців. Ми взяли цей мікрорайон як модельний, оскільки його зруйновано окупантами частково і потребується нове будівництво з інтеграцією існуючої забудови, а територія мікрорайону тим часом має високий потенціал, оскільки насичена будівлями різних періодів, розташована близько до моря та матиме за проєктом відмінне транспортне підключення.

Саме так ми бачимо забудову міста і життя в ньому.

Ключова зміна в мережі вулиць — демонтаж Морського бульвару і завершення забудови відкритим лінійним парком на пагорбі над морем. Перенесення автомобільного трафіку всього на один квартал на північ дозволить мешканцям всього району почати безпечну пішу чи велосипедну прогулянку до моря майже від свого ґанку. Через всю забудовану територію прокладається мережа комбінованих зелених коридорів з велодоріжками, які підключають кожен кластер забудови до зеленої та синьої мережі.

Розбираються будівлі, які отримали суттєві пошкодження під час бойових дій і не підлягають відновленню, та будівлі старих типових 5-поверхових масових серій з вкрай низьким рівнем комфорту.

Наша головна задача — створити комфортабельне та стале міське середовище.

За попередньої забудови були сформовані фасади по зовнішньому боку мікрорайону й умовно приватні території для мешканців кварталу всередині. Проте забудові не вистачало приватних зелених просторів, робочих місць, відчуття невеликої міської вулиці. Територія була хаотично запаркована.

Ми розбиваємо територію мікрорайону на квартали 100х100 метрів з вулицями шириною 20-25-30 метрів. Цей розмір кварталу трохи менший, наприклад, за квартали в центрі Одеси.

Публічний (вулиці, парки), напівприватний (двори) та приватний простір (двори приватних будинків) чітко розділяється.

Дуже важливо не дати місту обрости парканами. Це зробить його небезпечним, закритим і значно затримає психологічну реабілітацію мешканців. Важливо, аби безпечним відчувалась вся територія міста, а не окремі резервації за парканом.

We begin our story about the city's reconstruction not from its centre, but from an ordinary neighbourhood in a residential area on the left bank. Half of Mariupol residents used to live in such neighbourhoods. We chose this neighbourhood as a model because it was partially destroyed by the occupiers and requires new construction with the integration of existing buildings, and the neighbourhood has high potential because it is full of buildings from different periods, is located close to the sea, and will have excellent transport connections in accordance with the project.

This is how we see the city's development and life in it.

The key change in the street network is the dismantling of Morskoy Boulevard and the completion of the development with an open linear park on the hill above the sea. Moving car traffic just one block to the north will allow residents of the entire neighbourhood to start a safe walk or bike ride to the sea almost from their front porch. A network of combined green corridors with bicycle lanes will be laid across the entire built-up area, connecting each development cluster to the green and blue networks.

Buildings that were severely damaged during the hostilities and cannot be restored, as well as buildings belonging to the old standard 5-storey mass production series with an extremely low level of comfort are being analysed.

Our main task is to create a comfortable and sustainable urban environment.

The previous development created façades on the outside of the neighbourhood and more or less private areas for residents in inner parts of the development. However, the development lacked private green spaces, workplaces, and the feeling of a small city street. Parking in the area was chaotic.

We divide the neighbourhood into blocks of 100x100 metres with streets that are 20-25-30 metres wide. This block size is slightly smaller than, for example, blocks in the centre of Odesa.

Public space (streets, parks), semi-private space (yards), and private space (yards of private houses) are clearly separated from one another.

It is very important to prevent the city from being overgrown with fences. This would make it unsafe, closed, and significantly delay the psychological rehabilitation of residents. It is important that the entire city feels safe, not just the separate reservations behind fences.

Морський бульвар, 2018, фото: Василь Косів
Morskyi blv., 2018; photo by Vasyl Kosiv

Морський бульвар, 2022, фото: Василь Косів
Morskyi blv., 2022; photo by Vasyl Kosiv

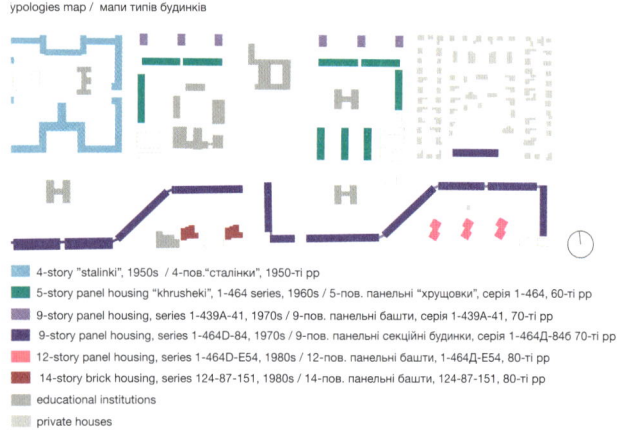

typologies map / мапи типів будинків

Damage map / мапа руйнувань

- 4-story "stalinki", 1950s / 4-пов."сталінки", 1950-ті рр
- 5-story panel housing "khrusheki", 1-464 series, 1960s / 5-пов. панельні "хрущовки", серія 1-464, 60-ті рр
- 9-story panel housing, series 1-439A-41, 1970s / 9-пов. панельні башти, серія 1-439А-41, 70-ті рр
- 9-story panel housing, series 1-464D-84, 1970s / 9-пов. панельні секційні будинки, серія 1-464Д-84б 70-ті рр
- 12-story panel housing, series 1-464D-E54, 1980s / 12-пов. панельні башти, 1-464Д-Е54, 80-ті рр
- 14-story brick housing, series 124-87-151, 1980s / 14-пов. панельні башти, 124-87-151, 80-ті рр
- educational institutions
- private houses

- very damaged / дуже пошкоджені
- moderately damaged / помірно пошкоджені
- little damaged / не сильно пошкоджені
- not damaged / не пошкоджені

Дуже важливо не дати місту обрости парканами. Це зробить його небезпечним, закритим і значно затримає психологічну реабілітацію мешканців. Важливо, аби безпечним відчувалась вся територія міста, а не окремі резервації за парканом.

It is very important to prevent the city from being overgrown with fences. This will make it unsafe, closed, and significantly delay the psychological rehabilitation of residents. It is important that the entire city feels safe, not just the separate reservations behind the fence.

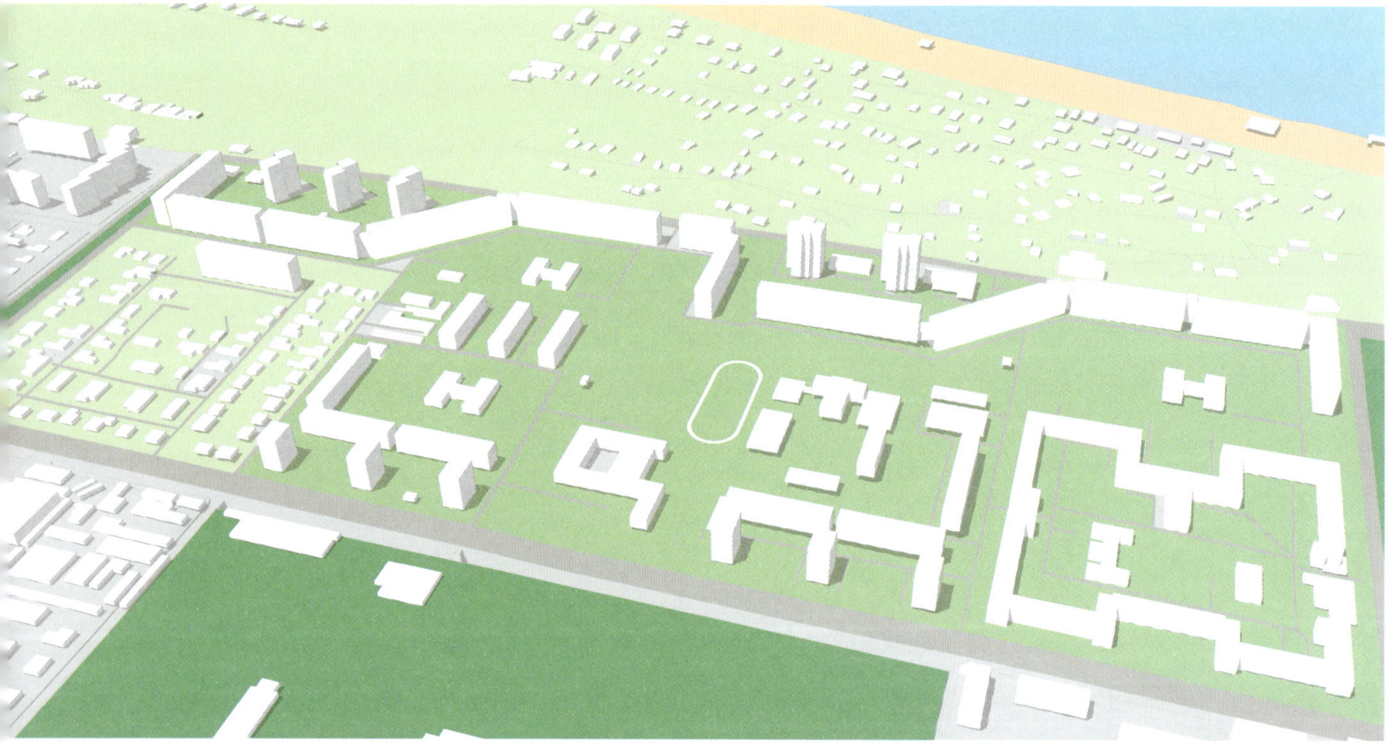

- Публічний простір / Public space
- Напів публічний простір / Semi-public space
- Приватний простір / Private space

Існуюче положення (2021) / Existing situation (2021)

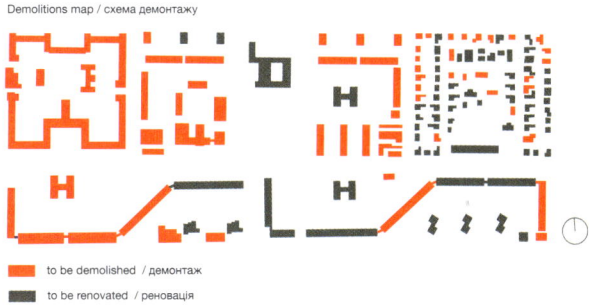

Demolitions map / схема демонтажу

- to be demolished / демонтаж
- to be renovated / реновація

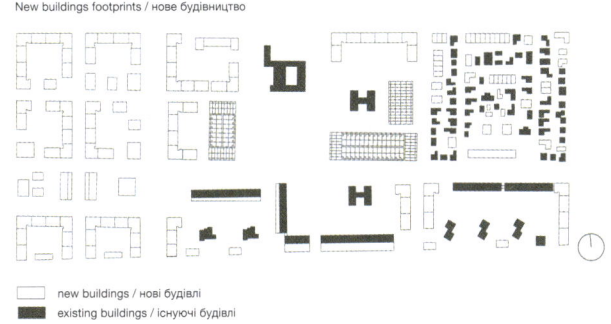

New buildings footprints / нове будівництво

- new buildings / нові будівлі
- existing buildings / існуючі будівлі

Невисокі паркани є допустимими тільки для об'єктів обмеженого доступу на кшталт дитячих садочків та шкіл. Все інше розділення ми рекомендуємо робити невисокими зеленими огорожами з проходами для пішоходів. Вуличний простір для автівок та пішоходів з велосипедистами також чітко розмежовується.

Low fences are acceptable only for limited access facilities such as kindergartens and schools. For all other separations, we recommend low green fences with pedestrian walkways. The street space for cars and pedestrians and cyclists is also clearly delineated.

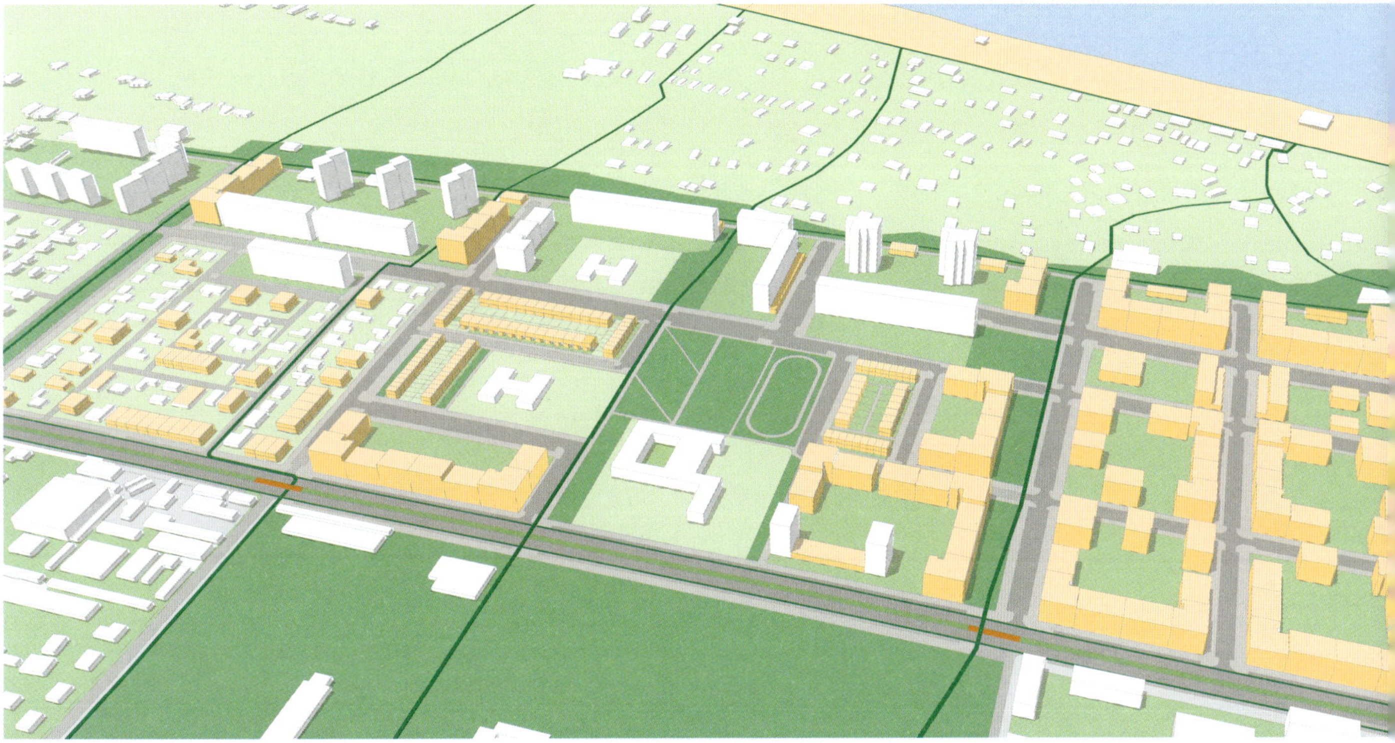

- Публічний простір / Public space
- Напів публічний простір / Semi-public space
- Приватний простір / Private space

Пропозиція / Proposal

Атмосфера вулиці Лівобережного району
Impression of street in the Left-bank district

Вид внутрішнього двору Лівобережного району
Impression of inner courtyard in the Left-bank district

го міста і більшої плями забудови житлових площ у 5-поверховому районі стільки ж, скільки було в 9-, 12-поверховому районі (300 тис. м2), проте додатково з'являється 35 тис. м2 торговельних та офісних просторів та 70 тис. м2 з гнучкою функцією на першому та другому поверхах.

Оскільки заїзд автівок у двори, окрім обслуговуючої та пожежної техніки, має бути фізично унеможливлено, під'їзди повинні мати вихід як на вулицю, так і у двір. Квартальна типологія забудови також дозволяє розміщувати офісні простори на 1-2 поверхах з окремими входами з вулиці.

У мікрорайоні залишається три дитячих садочка, які вірогідно піддаються відновленню, вони виконують функцію опорних закладів і мають забезпечувати попит на мінімумі демографічної ями. Два інших дитячих садочки мають закривати більш високий попит і влаштовуються у вбудовано-прибудованому форматі на перших поверхах, тобто з можливістю за необхідності тимчасової зміни функції.

Будівництво по фасадній лінії з брандмауерами та зменшення парцелів під забудову збільшить її різноманітність, зменшить розмір інвестиційного проєкту і дозволить вийти на цей ринок забудовникам малого та середнього розміру, адже побудувати 5-поверхову будівлю на 1-2 під'їзди може навіть невелика компанія.

При цьому має обов'язково враховуватись необхідність безперервності підземного поверху під різними секціями.

Пропонується значно розширити різноманітність забудови, додавши до класичних для Маріуполя форматів багатоповерхового житла:

- міські вілли (точкова забудова невеликої висотності з 4 квартирами на поверсі);
- видові пентхауси на верхніх поверхах будинків;
- таунхауси;
- галерейні будинки;
- будинки з атріумом.

Reducing the number of storeys creates the illusion of lower population density. However, due to the typology of a dense block-based city and a larger development area, the quanity of residential space in a 5-storey district is the same as in a 9- or 12-storey district (300,000 square metres), but with an additional 35,000 square metres of retail and office space and 70,000 square metres of flexible-function space on the first and second floors.

Since it should be physically impossible for vehicles (except for maintenance and fire-fighting equipment) to enter the courtyards, entrances should have access to both the street and the courtyard. The block typology also allows for office space on the lower two floors with separate entrances from the street.

There are three kindergartens in the neighbourhood that are likely to be restored; they serve as hub institutions and should meet demand with a minimum of demographic gaps. The other two kindergartens should cover higher demand and take the form of built-in or attached premises on ground floors, allowing them to undergo a temporary change of function if necessary.

Building along the front line with firewalls and reducing the number of building lots will increase the diversity of development, reduce the size of the investment project, and allow small and medium-sized developers to enter this market, as even a small company can build a 5-storey building with 1–2 entrances.

The need for continuity of the basement storey under different sections must be taken into account.

It is proposed to significantly expand the variety of development by adding multi-storey housing to formats that are classic for Mariupol:

- urban villas (low-rise infill development with four apartments per floor);
- penthouses with views on the upper floors of buildings;
- townhouses;
- gallery houses;
- houses with an atrium.

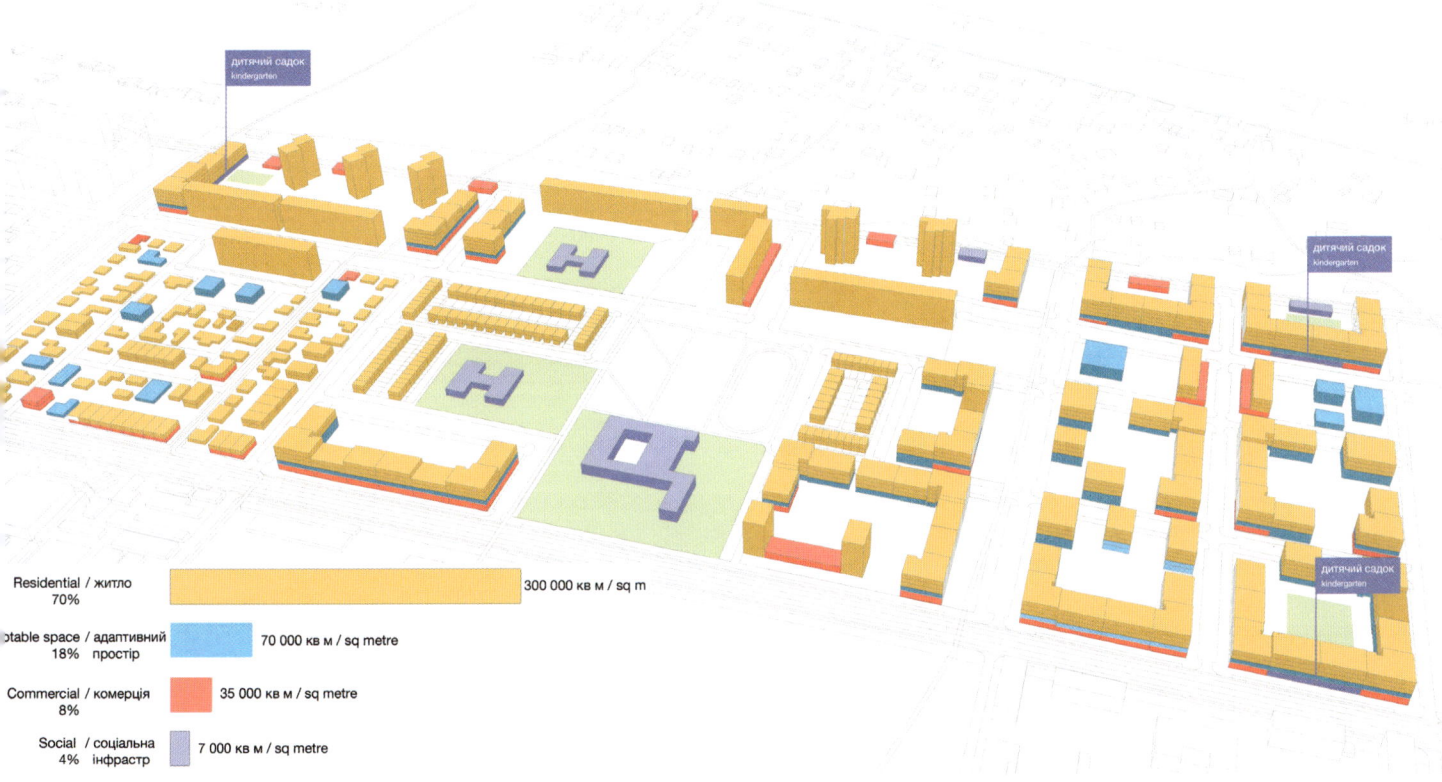

Поєднання функцій та типів забудов — Mix of functions and typologies

Вид на море з балкону нової будівлі
Impression of a view of the sea from a new apartment balcony

6.3 Приватна забудова

Більшість населеної території міста займає приватна забудова, в якій до окупації жила половина мешканців. Приблизно 60% приватної забудови вціліло, і кластери приватної забудови в місті виступають зараз осередками життя. Можна очікувати більш швидкого відновлення саме приватних будинків у зв'язку з меншим масштабом необхідних робіт і наявністю ефективних власників, хоча увагу до себе привертає частка мешканців 60+ (28,2%, найбільша серед великих міст у країні), які навряд чи можуть організувати чи провести будівельні роботи.

Основна типологія планування землі на ділянки для приватних будинків у місті — вузькі парцели від червоної лінії розміром 400-600 м² у кварталах розміром 200х80 м за межами центру міста і приблизно 240х120 м у центрі міста.

Приватна забудова потребує ущільнення.

Центр міста, Слобідка

Приватна забудова від проспекту Миру на південь починається вже на наступній вулиці. Перенесення залізничних колій з набережної повністю відкриє центр міста морю з можливістю облаштування повноцінних пляжів.

У середньостроковій перспективі саме ця територія є найбільшим ресурсом для ущільнення. Ми рекомендуємо встановити граничну висотність цієї території щонайменше на рівні 4 поверхів і перейти на модель будівництва будинків, що примикають по фасаду вулиці з брандмауерами (глухими боковими стінами), для формування повноцінних кварталів.

Квартали довжиною 200-240 м варто розрізати поперек пішохідними галереями, які також можуть виконувати торговельну функцію.

Окремі кластери приватної забудови

Стратегія ущільнення на околицях — формування локальних центрів навколо зупинок громадського транспорту — підняття граничної висотності та будівництво з активними фасадами. Також для вулиць з основними маршрутами громадського транспорту рекомендується підняття висотності щонайменше до 2 поверхів.

Окремі ділянки серед забудови, які перейшли у власність міста або які місто може викупити, мають бути трансформовані в багатофункціональні зелені публічні простори, спортивні майданчики і т.ін. Для забезпечення громадського здоров'я в радіусі 3-5 хв. на велосипеді має бути спортивна інфраструктура всіх видів спорту, які підтримує місто.

Private development

The majority of the city's inhabited territory is occupied by private housing, which was home to half the city's population before the occupation. Approximately 60% of private buildings have survived, and clusters of private buildings in the city are now centres of life. One can expect private buildings to be repaired more quickly due to the smaller scale of the work required and the presence of efficient owners, although account should be taken of the large proportion of residents aged 60+ (28.2%, the highest proportion in large cities in Ukraine) who are unlikely to be able to organise or carry out construction work.

The main typology of land planning for private house plots in the city is narrow parcels on the street edge measuring 400–600 square metres in blocks measuring 200 x 80 metres outside the city centre and approximately 240 x 120 metres in the city centre.

Private buildings need to be densified.

City centre, Slobodka

Private development southwards from Mira Avenue begins on the next street. The relocation of the railway tracks from the embankment will completely open the city centre to the sea making, it possible to create proper beaches.

In the medium term, this area is the largest resource for densification. We recommend setting the maximum building height for this area at at least four floors and switching to a model of building houses adjacent to the street front with firewalls (windowless side walls) in order to form complete neighbourhoods.

Street blocks 200–240 metres long should be dissected by pedestrian galleries, which can also serve as a shopping centre.

Separate clusters of private development

The strategy for densification on the outskirts is to create local centres around public transport stops, where the maximum building height wlll be raised and the buildings will have active façades. Additionally, for streets with major public transport routes, it is recommended that the building height be raised to at least 2 storeys.

Certain areas of the development that have become the property of the city or that the city can buy out should be transformed into multifunctional green public spaces, sports grounds, etc. To ensure public health, there should be a sports infrastructure giving residents easy access (within a 3–5 minute cycling distance) to all sports supported by the city.

Має бути впроваджено новий типовий профіль вулиці з максимально звуженим дорожнім полотном, велодоріжкою, лінійною висадкою дерев з великою кроною, типовими ліхтарями, лавочками, урнами та туалетами. Перевага має надаватись односторонній схемі дорожнього руху. У випадку вибору бетону як основного матеріалу для вуличних елементів і доступності шлакової клінкерної цегли високої міцності для покриття можна розглянути більш швидку конвеєрну укладку вулично-дорожнього полотна обладнанням Tiger Stone або його аналогами.

У запланованих програмах з виділення власникам приватних будинків будівельних матеріалів необхідно з міркувань адаптації до глобального потепління закуповувати матеріали для зовнішніх покриттів і дахів з високою відбиваючою здатністю (нержавіюча сталь, білі покриття).

A new standard street profile should be introduced with a maximally narrowed roadway, a bicycle lane, linear planting of trees with a large crown, and standard streetlights, benches, rubbish bins, and toilets. A one-way traffic pattern should be preferred. If concrete is chosen as the main material for street elements and high-strength slag-clinker bricks are available for paving, faster laying of pavement using Tiger Stone or similar equipment may be considered.

In the planned programmes for allocating building materials to private homeowners, materials purchased for exterior coatings and roofs should have high reflectivity (stainless steel, white coatings) so as to facilitate adaptation to global warming.

6.4 Історичний центр

Відновлення

З відеосвідчень очевидців ми знаємо, що центр міста з основними знаковими будівлями Маріуполя майже повністю знищено.

Ключовим міжнародним документом, що задає стратегію відновлення таких територій, є Венеційська хартія з охорони й реставрації нерухомих пам'яток і визначних місць, відповідно до якої має бути забезпечено всебічну повагу до автентичності структури споруди і її матеріалів, а при будь-якому втручанні не допускається фальсифікація історичної та художньої документальності будівель.

Відповідно до нашого бачення всі історичні будівлі, які можуть бути відреставровані, мають бути відреставрованими, адже вони є частиною базової ідентичності міста, надають йому глибину, а мешканцям — відчуття історичної тяглості та зв'язку зі своїми предками. Місто стояло до війни і буде стояти після. Місто має відвоювати свою історію в окупанта і відновити свою історичну ідентичність.

Щодо окремих особливо цінних зруйнованих будівель, насамперед 19-го сторіччя або знакових будівель, мають прийматись індивідуальні рішення про можливість їхнього повного відновлення при наявності інформаційних та історичних матеріалів, що дозволяють це зробити. Також може розглядатись інтеграція залишків напівзруйнованих будівель у нове будівництво за прикладом проєкту культурного центру «Порт Культур», що пропонувався для реалізації в Маріуполі (вул. Георгіївська, 63).

А втім, принциповим є те, що основою відбудови історичного центру має стати сучасна побудова за результатами міжнародних архітектурних конкурсів як на землі, що належить місту, так і на землі, що належить приватним особам.

Насамперед архітектурні конкурси дозволять забезпечити на порядок вищу якість архітектурних проєктів за рахунок конкуренції архітектурних бюро. Облога і руйнування Маріуполя стали всесвітньо відомими, що дозволить залучити до конкурсів зірок світової архітектури.

Таким чином перебудова центру міста на основі архітектурних та містопланувальних конкурсів дозволить створити ключовий осередок сучасної міжнародної архітектури найвищої якості в Україні, що стане ще одним потужним туристичним магнітом у місті.

Historical centre

Recovery

We know from eyewitness accounts that the city centre with Mariupol's principal iconic buildings has been almost completely destroyed.

The key international document that sets out the strategy for restoration of such areas is the Venice Charter for the Conservation and Restoration of Immoveable Monuments and Sites, which requires that the authenticity of buildings' structures and materials be fully respected and that any intervention should not falsify historical and artistic documentation of the buildings.

In accordance with our vision, all historical buildings that can be restored should be restored because they are part of the city's basic identity, giving it depth and giving residents a sense of historical continuity and connection with their ancestors. The city stood before the war and will stand after it. It must reclaim its history from the occupier and regain its historical identity.

As for particularly valuable destroyed buildings, especially those dating to the nineteenth century, and landmark buildings, individual decisions must be taken on the possibility of their full restoration if this can be supported with information and historical material. Integration of the remains of dilapidated buildings into new construction may also be considered, following the example of the Port of Cultures cultural centre project proposed for implementation in Mariupol (63 Heorhiivska Street).

Nevertheless, it is fundamental that the basis for restoration of the historical centre should be modern buildings based on the results of international architectural competitions, both on municipally owned land and on land owned by private individuals.

First and foremost, architectural competitions will help ensure a much higher quality of architectural projects through competition among architectural firms. The siege and destruction of Mariupol have become world famous; this will allow us to attract the stars of world architecture to the competitions.

Redevelopment of the city centre based on architectural and urban-planning competitions will create a key centre of modern international architecture of the highest quality in Ukraine. This will become another powerful magnet to draw tourists to the city.

Поєднання старої та нової забудови у Історичному центрі   Combinations of old and new development in the historical centre

Термін проведення конкурсів при їхній організації на потоці не є визначальним для будівництва, а саме проведення конкурсів не заважає відновленню існуючих будівель, щодо яких ухвалено відповідне рішення. Рекомендовано проводити конкурси «закритого» типу з попереднім відбором архітектурних бюро, які будуть брати участь. В Україні і за кордоном існує ринок компаній, які надають послуги з організації конкурсів.

У вимогах до конкурсних робіт мають бути зазначені: необхідність ущільнення забудови, збереження притаманної центру поверховості будівель та створення зелених зон. Конкурсні вимоги мають формуватися на основі результатів обговорень з мешканцями Маріуполя.

The timing of tenders, when organised on the fly, is not decisive for construction, and the holding of tenders does not interfere with the restoration of existing buildings for which a decision has been made. It is recommended to hold 'closed' tenders with a preliminary selection of architectural firms that will participate. In Ukraine and abroad, there is a market in companies providing services in organising tenders.

The requirements for the tender should include the need for building densification, preservation of the building height inherent in the city centre, and the creation of green areas. The tender requirements should be based on the results of discussions with Mariupol residents.

ЗАВДАННЯ ДЛЯ ДЕРЖАВИ / tasks for the state

Проведення архітектурних конкурсів в Україні регламентується Постановою КМУ №2137 від 25.11.1999. Необхідно гармонізувати конкурсні практики з європейськими, насамперед дозволити голосування членів журі шляхом консенсусу та унормувати процедуру конкурсу інвесторів «Design and build».

Привести процедури публічних закупівель послуг архітектурного проектування в законі «Про публічні закупівлі» до вимог Директиви 2014/24/EU Європейського Парламенту і Ради ЄС 26 лютого 2014 про державні закупівлі та скасування Директиви 2004/18/EC

Architectural competitions in Ukraine are regulated by CMU Resolution No. 2137 of 25.11.1999. It is necessary to harmonise competition practices with European ones. This means, above all, allowing jury members to vote by consensus and regulating procedures for the 'Design and build' investor competition.

Public procurement procedures for architectural design services in the Law 'On Public Procurement' should be brought into line with the requirements of Directive 2014/24/EU of the European Parliament and of the Council of 26 February 2014 on public procurement. Directive 2004/18/EC must be repealed.

ЗАВДАННЯ ДЛЯ МІСЦЕВОЇ ВЛАДИ / tasks for local authorities

Необхідно до початку проведення конкурсів затвердити містобудівну документацію на місцевому рівні, яка регламентує висотність і щільність забудови, насамперед зонінг. Детальні плани територій розробляють на містобудівних конкурсах, після цього проводяться інвестиційні конкурси типу «Design and build» на будівництво окремих об'єктів.

It is necessary that urban-planning documents regulating the height and density of buildings, especially zoning, be approved at the local level before architectural competitions are held. Detailed plans of territories should be developed at urban-planning competitions, followed by 'design and build' contests for the construction of individual buildings.

Планування

Ми розглядаємо центр міста як ключову первинну територію для переселення мешканців, оскільки після зупинки заводу «Азовсталь» було вирішено її ключову проблему — екологічну, а також тому, що ця територія легко підлягає ущільненню та підняттю якості середовища без збільшення традиційної висотності. Тому не можна забувати, що центр міста окрім загальноміського значення матиме житлову функцію, а це означає, що при плануванні розвитку ми маємо відноситись до нього як до одного з сусідств у місті.

Схема вулиць центра міста залишається без змін, оскільки є історичною, впізнаваною, обладнаною підземною інфраструктурою, та й просто вона добре функціонувала.

У центрі формується безперервна велосипедно-пішохідна зона, яка дозволяє насолоджуватись громадським життям без шуму. Ядро центру стає повністю пішохідним з окремими вулицями, доступними для громадського транспорту та автотранспорту мешканців навколишніх будинків.

На перших поверхах ми виділяємо різні зони для різних пріоритетних функцій. Є зона, де знаходяться основні магазини — як торговельні центри, так і невеликі індивідуальні магазини. Інша зона зосереджена на невеликих готелях, ресторанах і барах. Третя зона — це поєднання робочих просторів і житла. Щоб історичний центр залишався жвавим і соціально безпечним 24/7, над ресторанами і магазинами завжди має бути побудоване житло.

Красивий променад довжиною декілька кілометрів поєднує старий і новий центри. Кожні декілька сотень метрів формуються зони публічного простору, активностей та будівель з публічною функцією.

Міські квартали повинні мати публічні функції ззовні і більш інтимні функції всередині. Архітектура повинна мати людський масштаб, що створює відчуття дружнього міста, а публічний простір — високу якість мощення, водовідведення, озеленення, дерева для затінку і запаху, воду, вбиральні та не мати вуличної реклами.

На найстаріших історичних вулицях має бути зроблено особливий акцент, аби відродити якість старої забудови. Має бути якомога більше збережених і відновлених історичних будівель (включно з історичною одноповерховою забудовою) для того, аби зберегти зв'язок з тим, яким місто було раніше. Нові будівлі, в свою чергу, не мають «перекрикувати» історичні, а навпаки — підкреслювати їх своєю стриманістю. Ущільнення можливе у внутрішні частині кварталів.

Planning

We consider the city centre to be a key area for resettlement of residents given that its key environmental problem has been resolved by the shutdown of Azovstal and it can easily be densified and the quality of its environment improved without the traditional building height being increased. It should not be forgotten that the city centre will have a residential function in addition to its general urban significance; when planning development, we should therefore treat it as one of the city's neighbourhoods.

The street layout in the city centre will remain unchanged since it is historical, recognisable, equipped with underground infrastructure, and functioned well in the past.

A continuous bicycle and pedestrian zone is to be created in the centre; this will allow people to enjoy public life without noise. The core of the centre will be fully pedestrianised with separate streets for public transport and vehicles belonging to residents of the surrounding buildings.

On the ground floors, different zones are to be allocated for different priority functions. There will be a zone where the main shops – both shopping centres and small individual shops – are located. Another zone is focused on small hotels, restaurants, and bars. The third zone is a combination of workspaces and housing. In order for the historical centre to remain lively and socially safe 24/7, housing should always be built over restaurants and shops.

A beautiful promenade several kilometres long will connect the old and new centres. Every few hundred metres, zones of public space, activities, and buildings with public functions are to be created.

Urban neighbourhoods should have public functions on the outside and more intimate functions on the inside. Architecture should have a human scale that creates a sense of a friendly city, and public space should have high-quality paving, drainage, landscaping, trees for shade and aroma, water, public toilets, and no street advertising.

Special emphasis should be placed on the oldest streets to revive the quality of the old buildings. Historical buildings (including historical one-storey buildings) should be preserved and restored as much as possible in order to maintain a connection with what the city used to be. New buildings, in turn, should not 'shout down' historical ones but emphasise them with their restraint. Densification is possible in the inner parts of neighbourhoods.

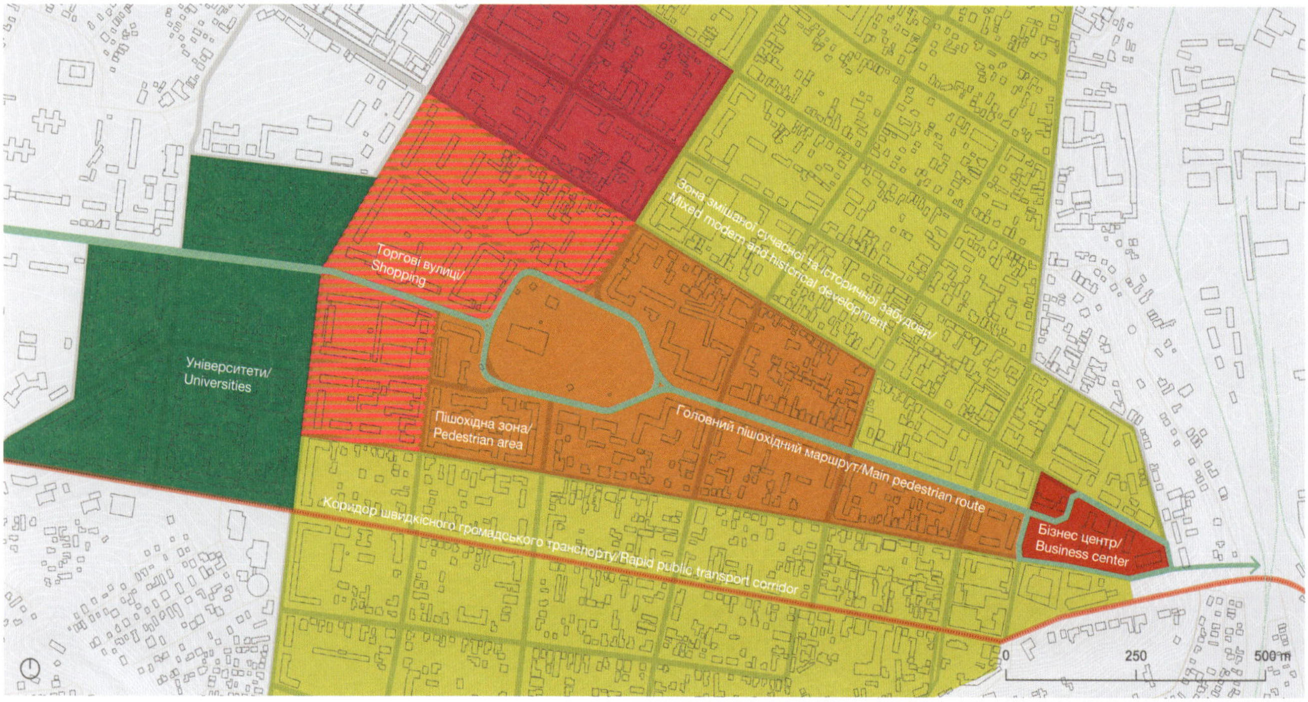

Зони відбудови / розбудови Історичного центру
Zones of (re)development in the historical centre

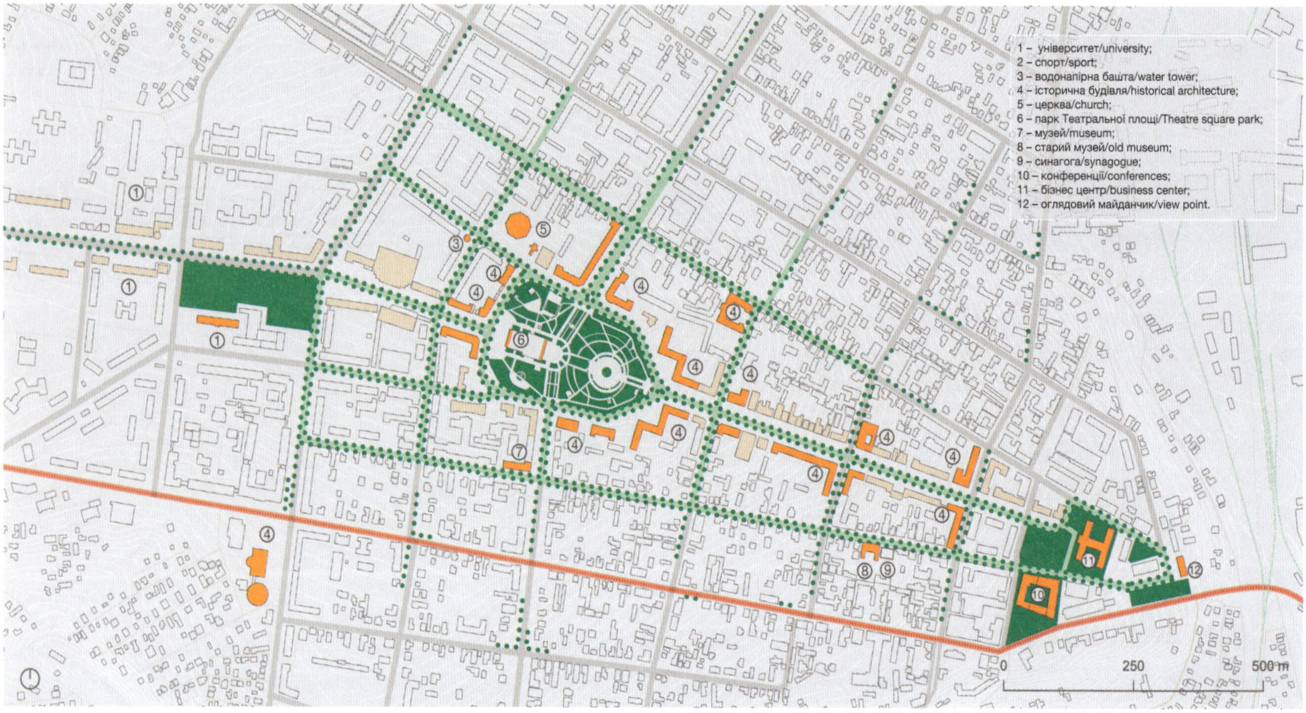

Зелена структура та архітектурне виділення історичного центру
Green structure and architectural highlights in the historical centre

Окремі будівлі зі спеціальною функцією можуть бути більш помітними, адже вони мають іншу роль у міській тканині.

Відновлення драматичного театру у зв'язку з великою кількістю загиблих при бомбардуванні є дуже делікатним питанням, яке має вирішуватись разом з мешканцями, проте ми рекомендуємо перенести драматичний театр у нове місце (див. далі), а на цьому місці створити меморіал, інтегрований у Театральний сквер.

Перебудовується комплекс Центрального ринку. На конкурсних засадах будується новий корпус Центрального ринку, територія навколо нього трансформується в торговельно-офісний кластер з простором для проведення ярмарок. Мерія міста переноситься на Азовстальську площу (площу біля центральних прохідних заводу «Азовсталь»).

Територія, яку займала колишня мерія, та будівля інституту «Гіпромез» передаються університетському кластеру для побудови нового сучасного головного корпусу університету, що дозволить використовувати Грецьку площу як публічний простір університету та міського ліцею. Площа, яку займає університет, суттєво збільшується та інтегрується з територією медичного містечка.

Між старим та новим центром можна розглядати побудову психологічного та фізіологічного реабілітаційного центру, інтегрованого в міську тканину.

Всі транзитні автомобільні потоки виводяться за межі ядра центру міста. Організовується центральний транспортний хаб міського транспорту біля розворотного трамвайного кільця на вул. Казанцева. Колишнє трамвайне депо стає парком. Біля собору на вул. Соборній влаштовується Соборна площа. Вул. Нільсена набуває торговельну функцію з активними фасадами перших поверхів.

Individual buildings with a special function can be more visible because they have a different role in the urban fabric.

Due to the large number of people killed in the bombing, the restoration of the drama theatre is a very sensitive issue that should be resolved together with the city's residents. We recommend that the theatre be moved to a new location (see below) and that a memorial integrated into Teatralnyi Square be created at this site.

The Central Market complex is to be rebuilt. A new Central Market building will be constructed following a competition, and the area around it will be transformed into a retail and office cluster with space for fairs. Mariupol City Hall is to be moved to Azovstalskaya Square (the area near the central gate of the Azovstal plant).

The territory occupied by the former city hall and the building of the Hypromes Institute are to be given to the university cluster for the construction of a new modern main university building, which will allow Greek Square to be used as a public space for the university and the city lyceum. The area occupied by the university is to be significantly increased and integrated with the territory of the medical campus.

Between the old and the new centre, we may consider building a psychological and physiological rehabilitation centre integrated into the urban fabric.

All flows of transit traffic are to be diverted to outside the city centre core. A central transport hub for public transport is to be organised near the tram turnaround on Kazantseva Street. The former tram depot will become a park. Soborna Square is to be created near the cathedral on Soborna Street. Nielsen Street will acquire a commercial function with active ground-floor façades.

Поєднання історичного та нового центру
Links between the historical and new centres

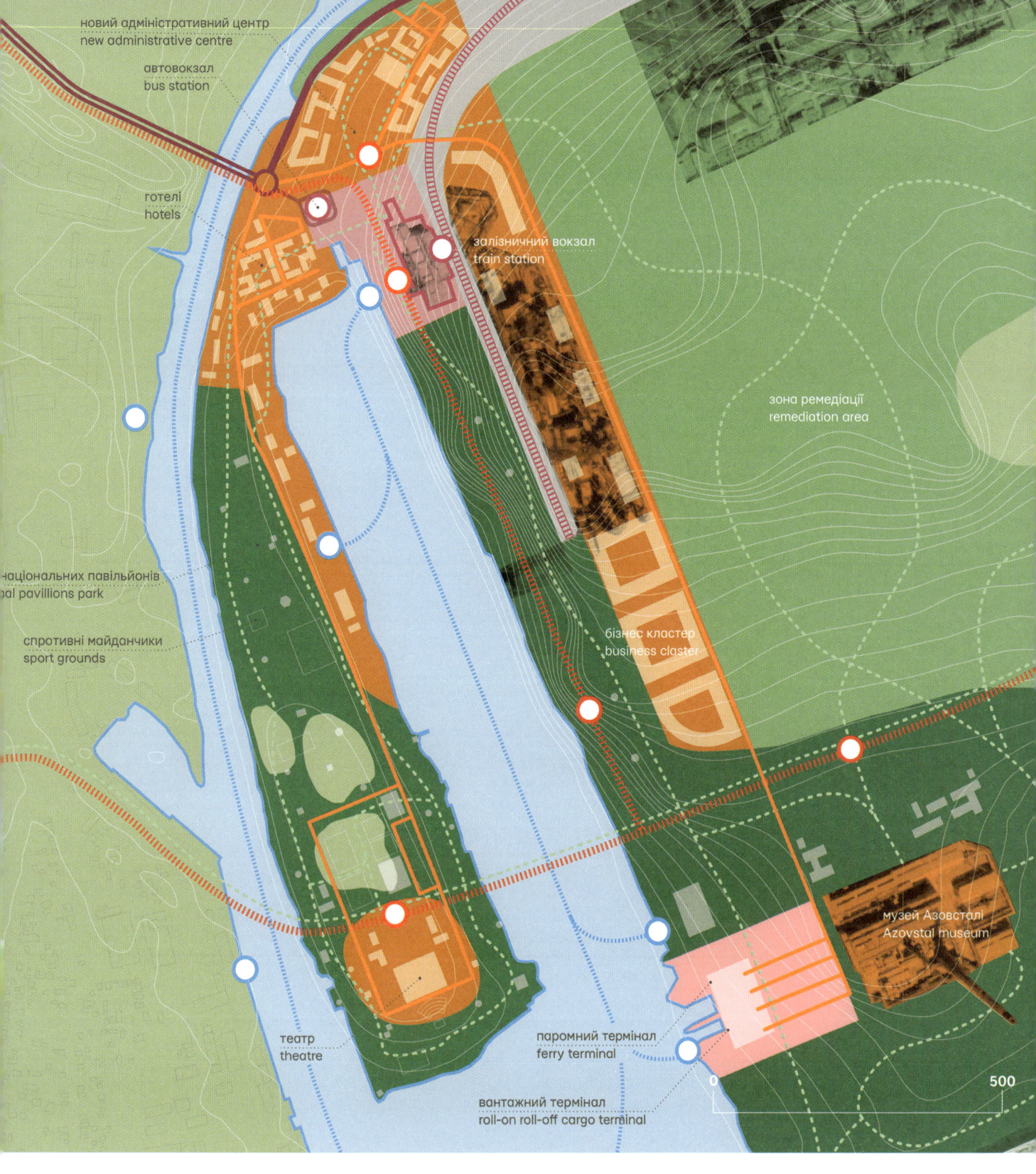

Вид фасаду Драматичного театру та площі
Impression of the façade of the drama theatre and the square

6.5 Новий центр

Десятиріччями територія з найбільшим потенціалом розвитку була зайнята заводом «Азовсталь» та природозахисними смугами навколо. Це стосується як самого пагорба, на якому розташований завод, так і гирла річки Кальміусу і гавані поруч.

Територія, яку ми розглядаємо, обмежується з заходу залізничними шляхами на правому березі міста, включає дві набережних Кальміусу, дві набережних Гавані та прилеглі до гавані території, а з півночі обмежується річкою.

Ми називаємо цю територію новим центром, її і ядром має стати Азовстальська площа (площа біля головних прохідних заводу «Азовсталь»).

Ми вважаємо, що саме сюди має бути спрямований вектор розвитку міста з акцентом на створення нового бізнес-центру, максимальне використання природного потенціалу й розвиток рекреаційних функцій навколишніх територій річки та моря. Це має бути реалізовано через поступову реконструкцію центру міста в напрямку річки і інтеграцію територій на схід від вул. Торгової в центральне сусідство міста.

«Азовсталь» стала всесвітньо відомим центром спротиву і боротьби за свободу українців, і так само вона має стати центром відродження міста. Люди будуть тягнутись до цього символу. Вражаючі споруди заводу мають наповнити міську тканину пам'яттю про її промислове ДНК.

Транспортна доступність території забезпечується двома шляхами: через Пост-міст, який необхідно реконструювати, та новий міст через річку і гавань, розташований приблизно в продовженні створу проспекту Миру.

Новий міст має бути доступним для громадського транспорту, пішоходів та велосипедистів і не передбачає доступу приватного автотранспорту. Новий міст є важливим проєктом розвитку і має стати однією з архітектурних домінант міста. Ми рекомендуємо оголосити міжнародний конкурс на проєкт нового мосту.

New centre

For decades the area with the greatest development potential has been occupied by Azovstal and the environmental protection strips around it. This applies both to the hill on which the plant is located and to the mouth of the Kalmius River and the nearby harbour.

The area we are considering is bounded to the west by the railway tracks on the city's right bank, includes two embankments of the Kalmius, two embankments of the harbour, and the areas adjacent to the harbour, and is bounded to the north by the river.

We call this area the new centre, and Azovstalskaya Square (the area near Azovstal's main gate) is to be its core.

We believe that this is where the city's development vector should be directed, with an emphasis on creating a new business centre, maximising the use of natural potential, and developing the recreational functions of the surrounding areas on the river and this sea. This should be realised through gradual reconstruction of the city centre in the direction of the river and by integrating the areas east of Torgovaya Street into the city's central neighbourhood.

Azovstal has become a world-famous centre of resistance and the fight for Ukrainians' freedom; it should also become the centre of the city's revival. People will be drawn to this symbol. The plant's impressive buildings should fill the urban fabric with the memory of its industrial DNA.

This territory is to be made accessible by transport in two ways: via the Post Bridge, which needs to be reconstructed, and via a new bridge over the river and the harbour, which will be an approximate continuation of Mira Avenue.

The new bridge should not be accessible to private vehicles, pedestrians, and cyclists but should not allow access to private vehicles. The new bridge is an important development project and should become one of the city's architectural landmarks. We recommend holding an international competition to design the new bridge.

Ми пропонуємо розмістити на Азовстальській площі та поруч на південь:

- об'єднаний комплекс залізничного та автовокзалу;
- станцію водного таксі, що забезпечує зв'язок з поромним терміналом, пляжами міста та узбережжям Азову;
- хаб міського транспорту, що забезпечує зв'язок з районами міста та аеропортом;
- нову мерію міста;
- офісну і готельну забудову.

Шляхи залізничного вокзалу пропонується розмістити вздовж колій, якими вугілля доставляли у доменні печі, де починався виробничий цикл сталі, біля конструкцій доменного цеху, які, з одного боку, виступатимуть вражаючим прологом до промислової історії та меморіалом заводу-гіганту надлюдського масштабу, а з іншого — ця локація забезпечить фантастичний вид на центр міста, яхтову марину в Гавані та море поруч.

Об'єднаний комплекс залізничного та міжміського автовокзалу не має розглядатись виключно з точки зору транспортної функції. Будівля має також включати торговельну і офісну функції. Побудова подібного сучасного комплексу може стати одним з рушіїв економічної активності в місті. Пропонується пристосування існуючих будівель під функцію вокзалу, що може значно знизити бюджети проєкту.

Набережна гавані перетворюється в парк.

Півострів без назви між річкою та гаванню має стати відпочинковою локацією і ще одним туристичним магнітом. У північній частині пропонується розмістити художні павільйони, які можуть стати своєрідними «культурними посольствами» країн, які приєднаються до відновлення Маріуполя. Звичайно такі павільйони розробляють видатні архітектори цих країн.

We propose placing the following on Azovstal Square and nearby to the south:

- a combined railway and bus station complex;
- a water taxi station providing connections to the ferry terminal, the city's beaches, and the coast of the Azov Sea;
- a public transportation hub providing connections to city districts and the airport;
- a new city hall;
- office and hotel development.

The tracks for the railway station are to be placed along the tracks that were formerly used to deliver coal to the blast furnaces at the start of the steel-production cycle, near the structures of the blast furnace shop. The latter will serve as an impressive prologue to industrial history and a memorial to this gigantic, superhuman-scale plant. Additionally, this location will provide a fantastic view of the city centre, the yacht marina in the harbour, and the sea nearby.

The combined railway and intercity-bus station should not be viewed solely from the perspective of its transportation function. The building should also include retail and office functions. The construction of such a modern complex can become one of the drivers of economic activity in the city. It is proposed to adapt existing buildings to the function as the station; this can significantly reduce expenditure on the project.

The embankment of the harbour is to be transformed into a park.

The unnamed peninsula between the river and the harbour is to become a recreational location and another tourist magnet. We propose placing art pavilions in the northern part of this area, which could become a kind of 'cultural embassy' for countries takimg part in restoring Mariupol. These pavilions could be designed by prominent architects from participating countries.

Півострів іноді буде підтоплювати, так само як і частину територій правого берега. За оцінками науковців, до 2100 року очікується підняття рівня моря на 2 метри. Ми не будемо нові будівлі нижче 2 метрів від рівня води і не влаштуємо дамб, проте готуємось до адаптації громадських просторів до підняття рівня води протягом наступних десятиліть. Дозволити воді час від часу підніматися означає створити нову архітектуру, простір, функції, можливо, навіть матеріали — і художні павільйони будуть відображати цю гру природи. Маріуполь має бути готовим до майбутнього та кліматичних викликів, які прийдуть разом з ним.

Південне морське узбережжя півострова є, мабуть, однією з найцінніших локацій у місті з одним з найкращих видів на море. Ми пропонуємо розмістити в цьому місці новий драматичний театр / культурний центр та, можливо, вуличний амфітеатр з виходом до води. У зв'язку з трагічною історією драматичного театру Маріуполя та готовністю Республіки Італія побудувати новий театр ця будівля має потенціал стати визначною спорудою на світовому рівні.

The peninsula, as well as part of the right bank, will sometimes be flooded. Scientists estimate that by 2100 the sea level will rise by two metres. We will not build new buildings below two metres above the water level and will not build dams. On the other hand, we are preparing to adapt public spaces to rising water levels over the next decades. Allowing the water to rise from time to time means creating new architecture, space, functions, perhaps even materials — and the art pavilions will reflect this play of nature. Mariupol must be prepared for the future and the climate challenges that will come with it.

The southern seashore of the peninsula is probably one of the most valuable locations in the city with one of the best sea views. We propose locating a new drama theatre/cultural centre here, possibly together with an outdoor amphitheatre with access to the water. Due to the tragic history of the Mariupol Drama Theatre and the willingness of the Republic of Italy to build a new theatre, this building has the potential to become a world-class landmark.

Новий центр на півострові, включаючи західну частину території "Азовсталі"
New plan for the peninsula, including the west entrance to the Azovstal territory

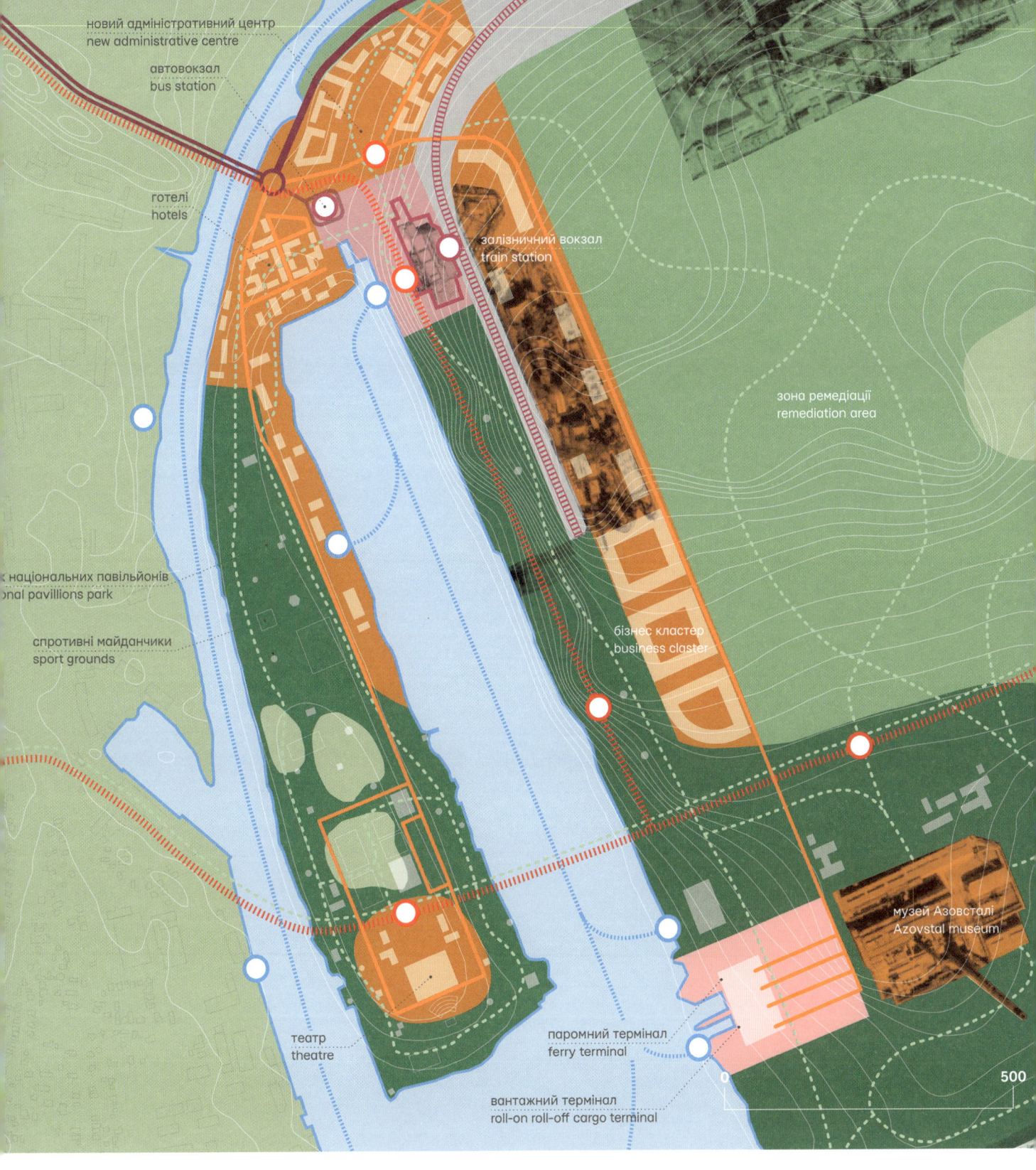

6.6 Зелений Азовсталь

Одним з головних викликів міста стає переосмислення свого серця — території «Азовсталі».

Ця територія перестала бути «просто заводом». З'явилися речі, які робити там «можна» і «неетично». Є об'єкти, які не можуть там не з'явитися. Хоча земля під заводом і належить місту, міська влада знаходиться в складному дискусійному трикутнику з міською громадою в екзилі та власником заводу, який весь час окупації активно її підтримував.

Перед містом не стоїть вибір, чи інтегрувати територію «Азовсталі» в місто, але відкрите питання: як саме це робити?

Наша відповідь — консолідація металургійного виробництва на майданчик комбінату ім. Ілліча. Після цього на частині території «Азовсталі» має бути проведено реновацію, вона має бути наповнена новими функціями. Але головним чином «Азовсталь» також буде місцем, яке потрібно буде «вилікувати» і яке має залишатись тихим і мовчазним десятиліттями. Ми пропонуємо віддати велику частину території природі, і нехай час і природа вилікують цю територію в буквальному і переносному сенсі.

Одночасно нове функціональне зонування території має перезапустити економіку міста, покращити його зв'язність, очистити забруднені ґрунти, відкрити доступ до нових міських набережних та реалізувати комеморацію міської трагедії.

Економіка

Драйвер перезапуску економіки міста — побудова нового контейнерного термінала на південному сході території «Азовсталі» (110 га) з потужностями для зберігання контейнерів і можливістю обробки більш ніж 500 тисяч контейнерів на рік. Порт також буде виступати як велий диферсифікований роботодавець. Потік товарів на відновлення сходу України і на споживання близько 18 млн людей, які мешкають східніше Дніпра, та вихід на чорноморсько-середземноморський ринок забезпечать широку номенклатуру доступну для припортової переробки (26,5 га, наявні комунікації).

Наступним етапом плану буде поетапне перенесення зернового термінала зі старого порту, що дозволить припинити вантажні залізничні перевезення вздовж пляжу в центральній частині міста. Це дозволить сконцентрувати виробництво вздовж промислової залізниці на північ від нового порту таким чином, щоб забезпечити буфер від населених територій.

Території та споруди на північ та схід від порту і залізничної гілки (150 га) зарезервовані для вибору їхнього використання в подальшому між промисловим, військовим та соціальним.

Green Azovstal

One of the city's main challenges is to rethink its heart, the territory of Azovstal.

This territory is no longer 'just a factory'. There are things that are 'possible' but 'unethical' to do here. And there are objects that cannot but appear here. Although the land under the plant belongs to the city, the city authorities are in a difficult triangular discussion with the city community in exile and the owner of the plant, who has been actively supporting it throughout the occupation.

The city must reintegrate the Azovstal territory, but the question is how exactly this is to be done.

Our answer is to consolidate steel production at the site of the Ilyich Iron and Steel Works. Subsequently, a part of Azovstal's territory should be renovated and filled with new functions. But for the main part, Azovstal will also be a place that needs to be 'healed'; it should remain untouched for decades. We propose giving a large part of the territory to nature and letting time heal this area, literally and figuratively.

At the same time, the area's new functional zoning should restart the city's economy, improve its connectivity, clean up contaminated soil, open up access to the city's new embankments, and serve to commemorate the city's tragedy.

Economy

The driver of the city's economic rebirth is to be the construction of a new container terminal in the southeast of Azovstal's territory (110 hectares) with an ability to process over 500,000 annual containers (TEUs) per year and to serve as a large and diversified employer. This flow of goods will support the restoration of eastern Ukraine and meet the consumer needs of about 18 million people living east of the Dnipro River, while providing access to the Black Sea and Mediterranean market. It will also provide a wide range of products available for port processing (26.5 hectares).

The next phase in the plan will be a phased relocation of the grain terminal from the old port, allowing the heavy freight rail operations along the beach in the central part of the city to be discontinued. This will allow clustered production along the industrial railway north of the new port in a manner that will provide a buffer for population centres.

The territories and facilities to the north and east of the port and the railway line (150 hectares) are reserved for future industrial, military, and social uses that will be determined as the economy evolves.

Основні зміни портової інфраструктури та індустрії
Main changes affecting the port and industry

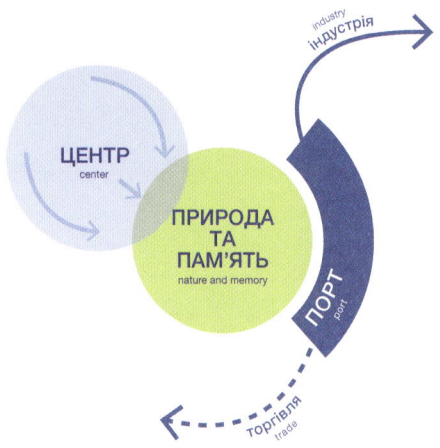

ЗАВДАННЯ ДЛЯ ДЕРЖАВИ / tasks for the state

Ключове питання для держави — нове наповнення СЕЗ «Азов», яка досі так і не запрацювала. Створена стимулююча економічна диспропорція явно недостатня в новій ситуації. Варто розглянути надання значно більшої економічної свободи аж до виносу цих територій за межі митної території України, адже створення робочих місць довго буде пріоритетнішою задачею, ніж генерація податків у національний бюджет.

The key issue for the state is the new content of the Azov FEZ, which has not yet started working. The created incentive economic imbalance is clearly insufficient in the new situation. It is worth considering granting much greater economic freedom up to the point of moving these territories outside the customs territory of Ukraine, as job creation will long be a priority over generating taxes for the national budget.

Місто

Західна частина території «Азовсталі» стає частиною нового центру й інтегрує в себе територію гирла Кальміусу та гавані.

Очищення території заводу до стану, придатного для проживання людей, є надто коштовним проєктом, тому у середньостроковій перспективі мають розглядатись тільки активності, які мають статус тимчасового перебування (офіси, готелі, навчання).

Територія навколо Азовстальської площі стає новим міським центром.

Головний міський проєкт розвитку 10,6 га) — новий суміщений комплекс, який включає єдиний вокзал (залізничний, автовокзал, водне таксі, міський транспортний хаб), нову мерію, офісні, торговельні та готельні площі.

Місце на набережній гавані є найбільш логічним також для розміщення приватного університету, плани про побудову якого оголошував власник заводу «Азовсталь».

City

The western part of Azovstal's territory will become part of the new centre and include the estuary of the Kalmius and the harbour.

Cleaning up the plant site make it suitable for human habitation is too expensive a project, so in the medium term only activities that have the status of temporary residence (offices, hotels, training) should be considered.

The area around Azovstal Square will become a new urban centre.

The main city development project (10.6 hectares) is to be a combined complex that will include a combined station (railway, bus, water taxi, and city transport hub), a new city hall, and office, retail, and hotel space.

The harbour embankment is also the most logical location for a private university, which the owner of Azovstal has announced plans to build.

Територія Азовсталі для пам'яті, зеленого розвитку та сучасного порту

Azovstal Memorial centre, green development, modern port area

Бачення нового залізничного вокзалу, офісів та зон відпочинку навколо трансформованого Азовсталі

Impression of the new railway station, offices, and leisure amenities around the transformed Azovstal

Бачення півострова - новий театр та культурний центр, природа та павільйони

Impression of the new theatre and cultural centre, nature, and pavillions on the peninsula

Території, функцію яких має бути визначено пізніше

Центральну територію на «Азовсталі» можливо використовувати як багатофункціональну локацію для публічних подій місткістю до 100 тис. людей. Місто має в подальшому визначитись з характером подій, які будуть доречними на цій території.

У візії міста розміром 800 тисяч після завершення процесів ремедіації центральна зона заводу уздовж транспортного коридору розглядається як потенційна зона житлової забудови, що з'єднає лівий і правий берег. Житлові райони мають бути захищеними лісовими смугами від пасажирської залізниці та виробничих процесів порту.

Будівлі рельсо-балочного та крупносортного цехів пропонується ревіталізувати зі збереженням габаритних розмірів будівель та забезпечити обмежений доступ до підземних приміщень (виключно за можливості впровадження відповідних безпекових заходів для відвідувачів). Внутрішній простір цехів пропонується реконструювати під соціальні функції, як, наприклад, Музей монументально-декоративного мистецтва, пропонований ініціативою ДЕ-НЕ-ДЕ у 2018 році, та ринок.

Territories whose function will be determined at a later date

The central area at Azovstal can be used as a multifunctional location for public events with a capacity of up to 100,000 people. The city should further determine the type of events that would be appropriate for this area.

In our vision of a city of 800,000 people, after the remediation processes are completed, the central zone of the plant along the transport corridor is seen as a potential residential development area connecting the left and right banks. Residential areas are to be protected by forest belts from the passenger railway and the production processes in the port.

The buildings of the rail and structural steel workshops and the large-section mill are to be revitalised; the overall dimensions of the buildings are to be preserved, and limited access is to be provided to the underground premises (but only if it is possible to implement appropriate security measures for visitors). The interior space of the shops is to be reconstructed for social functions, such as the Museum of Monumental and Decorative Art proposed by the DE-NE-DE initiative in 2018 and a market.

Загальна функціональна схема для міста з населенням 400 000 мешканців
General functional scheme for a city of 400,000 residents

Загальна функціональна схема міста з населенням 800 000 мешканців після багаторічного природного відновлення
General functional scheme for a city of 800,000 residents, after years of natural recovery

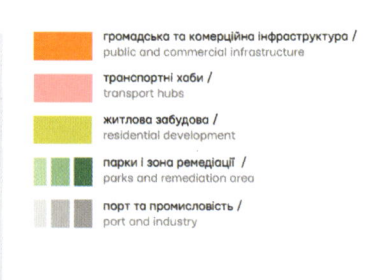

громадська та комерційна інфраструктура / public and commercial infrastructure
транспортні хаби / transport hubs
житлова забудова / residential development
парки і зона ремедіації / parks and remediation area
порт та промисловість / port and industry

Громадський транспорт, пішохідні та велосипедні дороги, вантажний залізничний та водний транспорт

Public transport, pedestrian and cycling paths, cargo rail, and water transport

Бачення меморіального кладовища
Impression of the memorial cemetery

6.7 Меморіальний центр

Південний захід території віддано під кластер меморіалізації: музей, меморіальне кладовище, створення 4 видових пішохідних маршрутів.

Ми пропонуємо розмістити Музей «Азовсталі» та меморіальний центр Маріуполя (20 га) на постійній основі на території ТЕЦ заводу «Азовсталь», по можливості пристосувавши для музею та дослідницьких установ існуючі будівлі та залишивши 250-метрову трубу ТЕЦ як місцеву домінанту з можливістю організації оглядового майданчика. Концепція та архітектурний проєкт такого музею мають створюватись на конкурсних засадах, а підготовка конкурсного завдання має відбуватись за участі мешканців міста.

Об'єкт, створення якого можна починати відразу після деокупації, — меморіальне кладовище на березі моря біля водного дзеркала басейнів технічної води заводу «Азовсталь» (55 га). Враховуючи героїчну історію оборони «Азовсталі», держава має визначитись зі статусом такого об'єкта, адже поєднання унікальної локації, драматичних видів на море та контексту дозволяє ставитись до цього кладовища як до пантеону національного рівня. Наявність цього об'єкта окремо вирішує проблему «політичного свербіжу», що підштовхує до швидкого відкриття неякісних монументів.

Питання створення меморіального комплексу та музею на території «Азовсталі» буде актуальним не лише для громади Маріуполя та України в цілому, але також для інтернаціональної спільноти, як можливість "співпережити" трагедію.

Територія ТЕЦ, оглядовий майданчик на висоті 250 м, розгалужена система підземних тунелів та меморіальне кладовище є матеріалом для створення на конкурсі повноцінної атракції меморіального туризму. У випадку повноцінної роботи з комеморацією — створення дослідницького інституту, формування кураторської групи, дотримання високих етичних стандартів та ретельна співпраця з локальною спільнотою Маріуполя — меморіальний комплекс «Азовсталі» зможе зробити вагомий внесок в економіку міста та змодерувати пропрацювання історичної травми всередині спільноти Маріуполя.

Територія між меморіальним кладовищем та портом віддана природі.

Memorial centre

The southwestern part of the territory is to be given over to a memorialisation cluster: a museum, a memorial cemetery, and the creation of four hiking trails.

We propose locating the Azovstal Museum and the Mariupol Memorial Centre (20 hectares) permanently on the territory of Azovstal's CHP plant, adapting existing buildings for the museum and research institutions if possible and leaving the 250-metre CHP pipe as a local landmark with the possibility of creating an observation deck. The concept for and architectural design of this museum should be created through a competition, and preparation of the tender should involve the city's residents.

A memorial cemetery on the seashore near the water mirrors of Azovstal's processing water pools (55 hectares) can be created immediately after de-occupation. Given the heroic history of Azovstal's defence, the state should decide on the status of this object because the combination of the unique location, dramatic views of the sea, and the context allows us to treat this cemetery as a pantheon of national importance. The creation of the memorial will also defuse the 'political itch' that can lead to the hasty unveiling of low-quality monuments.

The issue of how to create a memorial complex and museum on the territory of Azovstal will be relevant not only to the community of Mariupol and Ukraine as a whole, but also to the international community since it provides an opportunity to 'experience' what happened.

The territory of the thermal power plant, an observation deck at an altitude of 250 metres, an extensive system of tunnels, and a memorial cemetery are the material for creating a fully fledged memorial tourism attraction in a competition. If the commemoration is handled properly – by creating a research institute, forming a curatorial team, adhering to high ethical standards, and working closely with Mariupol's local community, Azovstal's memorial complex will be able to make a significant contribution to the city's economy and moderate the processing of historical trauma in the Mariupol community.

The area between the memorial cemetery and the port should be left to nature.

6.8 Старий порт та пляжі

Розвиток міста залежить від моря, його екологічного стану та доступності. Зв'язок міста з морем можна значно покращити. Основні території, де це можливо, — район центрального пляжу, залізничного вокзалу та старого порту.

Цей проєкт пропонує розширити прибережну смугу, створивши низку ширших піщаних пляжів та інтенсифікувавши зв'язок із житловими кварталами. Берегова лінія буде повністю відкрита для пішоходів і велосипедистів, але кожні кілька кілометрів вона змінюватиме свій характер.

Старий порт зможе конкурувати зі скандинавськими портовими забудовами в центрах міст і має потенціал стати районом високоякісної забудови, яка виходить безпосередньо до моря. Старі складські будівлі залишаться й отримають нові функції, а крани будуть виступати урочистою декорацією. Існуюча забудова на північ від порту буде поєднана з цим районом дорогами, стежками, зеленими насадженнями, новими зонами магазинів та послуг.

Необхідно прибрати функцію автомобільного транзиту з центрального пляжу (Приморський бульвар), продовжити пляжну зону на територію перенесених залізничних колій аж до Приморського парку та об'єднати їх оглядовими майданчиками, сходами, ескалаторами та ліфтами. Будівлю спортивних приміщень біля яхт-клубу «Навігатор» має бути відновлено і повернуто містянам.

Приморський парк має бути оновлено, сформовано чіткі зони та функціональне наповнення парку. Видові точки пагорбу та пляжна лінія мають бути наповнені готелями та ресторанами, проте вони не мають обмежувати доступ до своєї території або домінувати у просторі.

Справжньою візитівкою пляжного відпочинку в Маріуполі може стати намисто з трьох пляжів з кардинально різним характером: піщаний степовий пляж, центральний «міський» пляж з аквапарком та іншими активностями, сімейний лівобережний пляж із сосновою посадкою, яка сьогодні зустрічається в країні тільки в одному місці — на іконічних диких пляжах Кінбурнської коси (Миколаївська область). Завершує намисто орнітологічний парк на крайньому сході міста. Всі пляжі мають бути забезпечені доступом до водного транспорту, що входить у систему єдиного міського проїзного.

Old port and beaches

The development of the city depends on the sea, its ecological condition, and accessibility. The city's connection with the sea can be significantly improved. The main areas where this is possible are the central beach, the railway station, and the old port.

This project proposes extending the coastal strip by creating a series of wider sandy beaches and strengthening the connection to residential areas. The coastline will be completely open to pedestrians and cyclists, but every few kilometres its character will change.

The old port territory will be able to compete with Scandinavian port redevelopments in city centres and has the potential to become a substantial attractor of those seeking a seaside residence. The old warehouse buildings will remain and be given new functions, and the cranes will provide a solemn backdrop. Existing buildings north of the port will be connected to the area by roads, paths, green spaces, and new shopping and service areas.

It is necessary to remove car transit from the central beach (Primorsky Boulevard), extend the beach area to the territory of the relocated railway tracks up to Primorsky Park, and link them by means of observation decks, stairs, escalators and elevators. The sports facilities building near the Navigator Yacht Club should be restored and returned to the city.

The seaside park should be updated and given clear zones and functional content. The viewing points on the hill and the beach line should be filled with hotels and restaurants, but these must not restrict access to their territories or dominate the view.

A unique feature of Mariupol's attractiveness as a resort can be a string of three beaches of radically different character: a sandy steppe beach, a central 'city' beach with a water park and other activities, and a family-friendly left-bank beach with a plantation of pine trees that are found only in one other place in Ukraine today – on the iconic wild beaches of the Kinburn Spit in Mykolaiv Region. This string will be supplemented by an ornithological park in the far east of the city. All beaches should have access to water transport, which is part of the single-city-pass system.

Лівобережний пляж має бути частково намито (100+ метрів), замість традиційних тополь слід висадити сосни виду Сосна Чорна, Сосна Кримська, Сосна Звичайна, які полюбляють піщані ґрунти. У східній частині лівобережного пляжу має бути сформовано ландшафт, придатний для гніздування птахів. Мають бути реконструйовані існуючі та організовані кілька нових спусків до моря через кожні 200-300 метрів на лівому березі міста. Пляжну інфраструктуру слід реконструювати та наповнити прогулянковими та велосипедними доріжками, спортивною та розважальною інфраструктурою

Окремо важливим є запуск водного транспорту. Всередині міста має запрацювати сезонне водне таксі по всьому узбережжю Маріуполя від Бердянська до о. Зеленого з заходом на всі пляжі, у курортні передмістя Маріуполя і гавань в новому центрі.

Враховуючи відносно короткий морський сезон, місту варто також розглянути зони організованого кемпінгового відпочинку з наметами, насамперед на окремих територіях Приморського парку, які можуть бути як постійними під час сезону, так і працювати тільки під час проведення фестивалів.

The left-bank beach should be partly reclaimed (100+ metres). Instead of traditional poplars, pines of the Black Pine, Crimean Pine, and Common Pine species, which prefer sandy soils, should be planted. A landscape suitable for bird nesting should be created in the eastern part of the left-bank beach. Existing descents to the sea should be reconstructed, and several new descents should be created every 200-300 metres on the city's left bank. The beach infrastructure should be reconstructed with a network of walking and cycling paths and sports and entertainment infrastructure.

Creating a water-transport system is also important. Inside the city a seasonal water taxi should connect the entire coast of Mariupol from Berdiansk to Zelenyi Island, calling at beaches, Mariupol's resort suburbs, and the harbour in the new centre.

Given the short relatively short swimming and boating season, the city should also consider areas for organised camping in tents, primarily in certain areas of Primorsky Park. These facilities can be either permanent during the season or open only during festivals.

Розвиток узбережжя: включно та без з природною та сучасною забудовою

Coastline development: with and without natural and modern building development

Функціонування — Functions

Маршрути пішоходів, велосипедистів, громадського транспорту та водного транспорту — Routes for pedestrians, bicycles, public transport, and water transport

Житлова забудова на території старого порту
Housing development in the old port area

Активне життя центрального пляжу: функції, використання історичної та нової архітектури

Active life on the central beach: functions, use of historical and new architecture

6.9 Пріоритети розвитку

Пріоритети відбудови, що пропонуються:

- Центр.
- Південна стрічка — території, наближені до узбережжя на правому і лівому березі міста.
- Новий центр та Азовстальська площа.
- Набережна Кальміусу правого берега міста.
- Реновація територій старого залізничного вокзалу.
- Реновація територій старого порту.
- Реновація територій на північ від Приморського парку.
- Реновація інших територій застарілого житла.

Території, рекомендовані для переселення мешканців:

- Території, що оточують завод ім. Ілліча.

Development priorities

Proposed reconstruction priorities:

- the city centre
- the southern ribbon, i.e. the area close to the coast on the city's left and right banks
- the new centre and Azovstalskaya Square
- the embankment of the Kalmius on the city's right bank
- renovation of the old railway station
- renovation of the old port area
- renovation of the areas north of Primorsky Park
- renovation of other areas of outdated housing

Areas recommended for resettlement:

- the areas surrounding the Ilyich plant

ЗАВДАННЯ ДЛЯ ДЕРЖАВИ / *tasks for the state*

Варто розглянути на національному рівні Маріуполь як основний напрямок для переселення мешканців зруйнованих малих міст сходу України. Для стимуляції цього на законодавчому рівні потрібно ввести підвищені мінімальні розміри житлової площі, яку отримують переселенці при виборі Маріуполя як нового місця проживання.

Mariupol should be considered at the national level as the main destination for resettlement of residents of destroyed small towns in eastern Ukraine. To stimulate this, it is necessary to introduce legislation setting increased mandatory minimums of living space that IDPs receive when choosing Mariupol as a new place of residence.

Післямова	Afterword
Концептуально невідворотність проєкту «Візія Маріуполь» була закладена у день, коли з «Азовсталі» вийшли останні захисники. Після того, як стрій полонених показали на російських пропагандистських каналах, стало зрозуміло, що ця подія не повинна і не буде означати кінець української історії міста.	'A vision for Mariupol' became conceptually inevitable on the day that the last defenders left Azovstal. After the line of prisoners was shown on Russian propaganda TV channels, it became clear that this event must not and would not mean the end of the city's Ukrainian story.
Вже цілком очевидно, що те, що відбувається на окупованих територіях є формою культурного геноциду — злочин, який вимагає систематичного знищення всіх аспектів культури. Проте ми іноді забуваємо, що культура втілюється не лише в мові та звичаях, але й через архітектурне середовище. Міське середовище, зокрема, являє собою історичний запис спільних прагнень, життя і боротьби людей.	It is already clear that what is being attempted in occupied Ukraine is a form of cultural genocide, a crime that must involve the systematic destruction of all aspects of culture. We sometimes forget, however, that culture is embodied not only in language and customs but also in the built environment. An urban environment, in particular, is a historical record of people's common aspirations, lives, and struggles.
Крім того, однією з найяскравіших ознак тоталітарного суспільства є одержимість стиранням справжньої історії, аби замінити її спрощеною, стилізованою та заангажованою версією. Справді, окупант прагне стерти не лише українську, але й будь-яку неросійську ідентичність з підкорених ним територій. У випадку Маріуполя, портового міста, історія якого протягом століть формувалася під численними культурними впливами, це напад не лише на українців, але й на греків, італійців та інших, чия праця сприяла формуванню автентичної ідентичності міста.	In addition, one of the most striking features of a totalitarian society is an obsession with erasing true history in order to replace it with a simplified, biased, and stylised version. Indeed, the occupier today is trying to erase not only Ukrainian but any non-Russian identity from the territories it conquers. In the case of Mariupol, a port city whose history has been shaped by numerous cultural influences over the centuries, this is an attack not only on Ukrainians but also on Greeks, Italians, and others whose efforts have contributed to the city's authentic identity.
Що ми як планувальники та архітектори, які походять зі справжнього Маріуполя або іншим чином пов'язані з ним, можемо зробити, щоб протистояти спробам окупанта реалізувати свої орвелівські цілі? Ми можемо продемонструвати через процес планування, орієнтований на людей і відкритий до їхніх потреб, різницю між суспільством, яке розглядає людей як слуг держави, і суспільством, яке розглядає державу як слугу людей.	What can we, as planners and architects who come from or are otherwise connected to the real Mariupol, do to resist the occupier's attempts to realise its Orwellian goals? We can demonstrate, through a people-centred planning process that is open to people's needs, the difference between a society that sees people as servants of the state and a society that sees the state as a servant of the people.
Це означає врахування потреб майбутнього населення міста не лише у працевлаштуванні, але й у меморіалізації, рекреації, інноваціях та, насамперед, праві на місто.	This means taking into account the needs of the city's future population not only for employment but also for memorialisation, recreation, and innovation, and, above all, their collective right to the city. It means restoring the natural beauty of this city, which had long been trampled by industry.
Це означає відновлення природної краси міста, яке довгий час було розтоптане промисловістю.	
Це означає план, орієнтований на людину, який цінує кожного мешканця як невід'ємну частину майбутнього багатонаціонального полікультурного відкритого світу європейського Маріуполя.	This means a human-centred plan that values every resident as an integral part of a future Mariupol that is multinational, multicultural, European, and open to the world.

Звичайно, планування міста для людей займає більше часу. Окупант опублікував свій план розвитку через кілька місяців після його падіння, не порадившись ні з ким із містян. Ми сповідуємо зворотній підхід — ми виявили сильні сторони та можливості, але остаточні рішення мають приймати містяни в рамках фасилітованих партисипативних процесів.

Продовжуючи нашу роботу, ми все більше усвідомлюємо, що важливість Маріуполя виходить за межі його корінних мешканців. Символічне значення Маріуполя як серця опору та його практична цінність як брами для відновлення сходу України означають, що всі українці тепер зацікавлені в успіху цього міста.

Наше бачення намагалося спиратися на прагнення всіх українців і держав, які стали на захист України. Це місто, яке до 2022 року було практично невідоме світові, а сьогодні відоме насамперед своєю руйнацією, стане найсхіднішою брамою Європи.

Сила Маріуполя проявиться не через відбілювання минулого, а через його повне усвідомлення та прийняття.

Of course, planning a city 'for people' takes more time. The occupier published its development plan a few months after the city fell, without consulting any of the citizens. We are taking the opposite approach: we have identified strengths and opportunities, but the ultimate decisions must be made by the city's citizens through facilitated participatory processes.

As we continue our work, we increasingly recognise that the importance of Mariupol goes beyond its original inhabitants. The city's symbolic significance as the heart of the resistance and its practical value as a gateway to the reconstruction of eastern Ukraine mean that all Ukrainians now have a stake in its success.

Our vision has tried to draw on the aspirations of all Ukrainians and the states that stood up to defend Ukraine. This city, which until 2022 was virtually unknown to the world and today is known primarily for its destruction, will become Europe's easternmost gateway.

Mariupol's strength will be manifested not by whitewashing the past but by accepting and embracing its totality.

The *Deutsche Bibliothek* lists this publication in the *Deutsche Nationalbibliografie*; detailed bibliographic data is available on the internet at http://dnb.d-nb.de

ISBN 978-3-86922-630-9
© 2023 by DOM publishers, Berlin/Germany
www.dom-publishers.com

This work is subject to copyright. All rights are reserved, whether the whole or part of the material is concerned, specifically the rights of translation, reprinting, recitation, broadcasting, reproduction on microfilms or in other ways, and storage or processing in data bases. Sources and owners of rights are given to the best of our knowledge; please inform us of any we may have omitted.

This document was made for the city of Mariupol. Some of the materials used in this publication were made possible through support provided by the US Agency for International Development (USAID), as part of the USAID Economic Resilience Activity project. The authors' views expressed in this publication do not necessarily reflect the views of USAID or the United States Government. Please share the content of this book but always mention the author:
Ro3kvit, urban coalition for Ukraine.

Design
Kateryna Kadurina, Bestwerk

Copy-editing
Natalya Volkova (Ukrainian)
Antoaneta Tileva (English)

Final proofreading
John Nicolson (English)

Translation of interviews
Mara Saltykova

Printing
LLC Printing House 'From A to Z', Kyiv
www.fromatoz.ua

Німецька національна бібліотека внесла цю публікацію у Німецьку національну бібліографію; докладні бібліографічні дані доступні в інтернеті за посиланням http://dnb.d-nb.de.

ISBN 978-966-500-712-8
© 2023 by OSNOVY Publishing, Kyiv/Ukraine
www.osnovypublishing.com

Цей твір захищений авторським правом. Використання за межами Закону «Про авторське право» без згоди видавництва неприпустимо і карається. Це стосується особливо копіювання, перекладу, зняття роликів, а також збереження та обробки в електронних системах. Згадування джерел і авторів має проводитись у належний спосіб.

Цей документ створений для міста Маріуполь. Частина матеріалів, використаних у цій публікації, стала можливою завдяки підтримці, наданій Агентством Сполучених Штатів Америки з міжнародного розвитку (USAID) в рамках проекту 'Економічна стійкість'. Погляди автора, які висловлені у цій публікації, не обов'язково відображають погляди USAID чи уряду Сполучених Штатів Америки. Ми будемо вдячні за поширення цього вмісту. Завжди зазначайте автора:
Ro3kvit, урбан коаліція для України.

Графічний макет
Катерина Кадуріна, Bestwerk

Редагування українського тексту
Наталя Волкова

Редагування англійського тексту
Антоанета Тілева

Переклад інтерв'ю
Мара Салтикова

Виробництво
Типографія «ВІД А ДО Я», м. Київ
www.fromatoz.ua